'87 MAMMA LINA

PIZZA CON AMORE

DIE NEXT GENERATION PIZZA DER TORTORA-BRÜDER
VON '87 MAMMA LINA

team tietge.

le 3 Sorelle
Pizzeria e Trattoria
10

le 3 Sorelle

WACKENHUT
'87 MAMMA LINA

BENVENUTO **NEL NOSTRO MONDO**

Mit diesem Buch geht für uns ein lang gehegter Traum in Erfüllung – und das auch noch zum denkbar besten Zeitpunkt. Vor 35 Jahren hat unser Vater Carmine Tortora das Mamma Lina in Baden-Baden eröffnet. Benannt nach und zu Ehren von Papas Mamma Lina, deren fantastische Rezepte voller Liebe und Respekt sind. Kein Wunder, mag der eine oder andere sagen, dreht sich doch in Napoli alles um grandioses Essen! Das stimmt schon. Aber dazu gehört eben auch, dass man zuhört, seine Wurzeln kennt und Traditionen wertschätzt. Daher sind Oma Linas Rezepte bis heute die Grundlage vieler Gerichte bei uns, die wir auf unsere Weise modern interpretieren und weiterentwickeln. Sie und Papa haben den Grundstein gelegt, wir bauen jetzt drauf auf und können mit diesem Buch zeigen, wie unendlich vielfältig neapolitanische Pizza sein kann.

Was unsere Eltern, Carmine und Petra, mit wenig Geld aber viel Fleiß geschaffen haben, ist für uns jeden Tag aufs Neue Ansporn und Inspiration. Das Mamma Lina ist schließlich viel mehr als nur ein Restaurant: Es ist Heimat! Hier haben wir unsere Familienfeste gefeiert, haben Diego Maradona und dem SSC Neapel zugejubelt, haben Schumi im Ferrari angefeuert und saßen mit dem Opa beisammen, der auch immer noch ein paar gute Tipps für uns hatte. Daher widmen wir dieses Buch unserer Familie, unseren Eltern und Großeltern: Danke für Eure Liebe und all die Lehren fürs Leben!

Mit Pizza con Amore decodieren wir die Geheimnisse der besten Pizza der Welt. Der perfekte Teig, die besten Saucen, Cremes und Toppings. Dass wir dabei weit über Marinara und Margherita hinausgehen, werden uns Traditionalisten vielleicht verzeihen. Wichtiger aber: Wir wollen euch, liebe Leserinnen und Leser, in die Lage versetzen, daheim genau so eine gute Pizza zu backen, wie es sie im Mamma Lina gibt. Wenn es uns gelingt, dass unser Buch euch inspiriert und euch ein paar genussvolle, frohe Stunden mit guten Freunden schenkt – dann haben wir unser Ziel mit Pizza con Amore erreicht. Yes please!

Angelo und Roberto Tortora,
September 2022

SEMPRE **CON AMORE!**

Angelo und Roberto Tortora haben mit Pizza con Amore weitergeführt, was sie mit der Übernahme des Mamma Lina in Baden-Baden von ihrem Vater im Jahr 2015 begonnen haben: Sie haben frischen Wind in ein Traditions-Restaurant gebracht, das es seit 1987 gibt. Online-Shop und Take-away, entstanden in der Corona-Zeit, neues Styling, neue Ideen und Visionen. Alles, nur kein Stillstand! Und dennoch sind die beiden erstklassig ausgebildeten Vollblut-Gastronomen immer noch down to earth und für alle Gäste gleichermaßen da.

Jetzt präsentieren sie dieses wunderschöne Kochbuch! Bravo! Pizza con Amore für daheim. Ich hoffe, meine Frau bekommt es hin, denn leider kann ich nicht kochen...

Und danke, Angelo und Roberto, dass ihr mir immer Ananas auf meine Pizza legt... Ich weiß, das kostet einen Italiener große Überwindung!

Macht weiter so: sempre con amore!

Euer Frank Elstner

Mamm

MA LINA
by Tortora Brother's.
87
87 MAMMA LINA

Ein Hingucker im Gastraum des Mamma Lina: die Collage mit neapolitanischen Persönlichkeiten wie Bud Spencer (r. unten), Enzo Ferrari (Zweiter v. r., oben) oder auch Santino Corleone (Dritter v. l., unten). Sie fühlen sich inmitten von Pizza, Parmigiano und anderen Köstlichkeiten wie Gott – in Italien

WILLKOMMEN IM MAMMA LINA

WETTEN, DASS ES HIER GLEICH RUND GEHT?

Das Mamma Lina in Baden-Baden ist Heimat und Tradition, Zukunft und Vergangenheit in einem für Familie Tortora. Wo einst der Opa saß und die Kellner im Blick behielt, feiert heute die Instagram-Generation das Feuer der Tortora Brothers

Schon ein Besuch im Mamma Lina kann vieles verändern. Wetten, dass man Thomas Gottschalk mit ganz anderen Augen sieht, wenn man mit ihm mal in seinem Baden-Badener Lieblingslokal die Pizza Giallo mit gelber Tomatensauce probiert hat? „Schreib aber bloß nicht, dass wir so ein Promi-Laden sind", sagt Angelo Tortora, der das Mamma Lina gemeinsam mit Bruder Roberto binnen fünf Jahren zur besten Adresse der Stadt gemacht hat. „Bei uns ist jeder willkommen! Du brauchst keinen dicken Geldbeutel oder so – ganz im Gegenteil: Wir sind für alle da!"

Besonders deutlich wurde das 2020. **Während der Pandemie haben die Tortora Brothers** (ihr merkt schon, die beiden mixen gern mal Traditionelles mit Coolness) das Baden-Badener Krankenhaus mit Essen versorgt. Nicht bloß an einem Wochenende, sondern über anderthalb Jahre. Jeden Sonntag 60 Portionen für die Ärzte und Schwestern. „Wir haben das gern gemacht. Von Herzen", sagen Angelo und Roberto. Ein bisschen Glaube ans Karma könnt' aber auch dahinter stecken. „Corona hat uns vorangebracht. Ohne die Pandemie hätten wir uns so viel Veränderung so schnell nicht zugetraut", sagt Angelo und denkt zurück an 2020: Hochbetrieb in der Küche. Mit zwei Mann und vier Handys nahm man per WhatsApp die Bestellungen entgegen. Baden-Badens Taxifahrer standen vorm Lokal Schlange, fuhren täglich bis zu 700 Essen aus. „Pizza ist ideal für Take-away", sagt Roberto. „Und den Taxifahrern haben wir so auch noch helfen können."

Das neue Mamma Lina tickt ganz anders als der 2015 von Papa Carmine übernommene Betrieb. Aus sieben Mitarbeitern wurden 38. Der Teildienst wurde abgeschafft. Bei Open Table war man Pionier, auf Instagram folgen mehr als 20 000 Fans den gern mal tanzenden Tortoras, die ihre Fans mit vielen kleinen Videos an ihrem Leben teilhaben lassen. An der wilden Sause mit Champagner-Dusche am späten Samstagabend, am Trip nach Graz, den Küchen-Vorbereitungen für den nächsten Service oder eben beim Ent-

Vorherige Doppelseite: Das Team aus dem Mamma Lina mit (v. l.): Alaa Samiz, Michele Arsuto, Jakob Fehrenbach, Selina Derksen, Dennis Rösch, Katja Znak, Raphael Deschamps und Angelo Tortora

wickeln und Testen neuer Rezepte. Über Social Media ist die Fanbase immer dabei. Das Erfolgsrezept dafür: viel gute Laune, ein breites Grinsen und das allgegenwärtige „Yes, please!" von Angelo, das irgendwie so eine Art Slogan geworden ist. Optimistisch, zupackend, positiv. Eine Familie, die sich nicht aufhalten lässt.

Den Gastraum mit seinen 65 Plätzen haben die Brüder schon zweimal neu gestaltet. Ein gläserner Weinklimaraum ist seither am Start, die Küche hat mehr Platz. Wo früher ein großer Herdblock war – für zwei Alleskönner, echte Maschinen – hat es jetzt Posten und Spezialisten. Das macht vieles einfacher, gerade in einer Zeit, in der Mitarbeiter schwer zu finden sind. „Alle Posten sind doppelt besetzt", sagt Angelo und man merkt, wo er herkommt: Kochlehre auf dem Dollenberg bei Martin Herrmann, danach im Schloss Eberstein unter Bernd Werner – danach macht man bei der Qualität keine Kompromisse mehr. Auch nicht, wenn man gar keinen Stern will, sondern einfach nur die beste Pizza weit und breit machen will.

Ausgelassene Feierlaune im Outdoor-Bereich: Auf 35 Jahre Mamma Lina muss angestoßen werden! Dass der Betrieb heute von den Söhnen Angelo und Roberto geführt wird, macht Babbo Carmine (unten r.) und Mamma Petra stolz

So langsam aber sollte jetzt mal Holz in den Ofen. Anfeuern! Und dann: in die Küche. Michele Arsuto ist gerade dabei, einen Sack Mehl zur riesigen, roten Knetmaschine zu wuchten. Das Ding ist ein Monster. Wie 'ne Kitchenaid auf Steroiden. Bestimmt vier Zentner schwer, aber so schnell mit der Hand Gottes wie einst Maradona im Strafraum von Napoli. „Wir sind hier ein bisschen deutsch", scherzt Angelo mit einem Blick auf Küchenchef Michele. Denn der prüft mit einem Infrarot-Thermometer, wie warm der Teig ist. Irgendwo bei 23 Grad ist der Tanz am Haken vorbei und der Teig darf ins Kühlhaus. 24 Stunden schön abhängen und sich gehen lassen...

Angelo und Roberto arbeiten derweil an der Umsetzung neuer Ideen. In Karlsruhe gibt es schon ein kleines Mamma Lina, aber wenn man sieht, wie aus Heidelberg, Offenburg und Pforzheim die Pizzafreunde angepilgert kommen – dann ist Karlsruhe noch lange nicht alles. „Ne", grinst Angelo. „Bestimmt nicht!" Das Herzstück des Familienbetriebs aber soll in Baden-Baden bleiben, gleich neben dem Festspielhaus. **„Das hier ist Heimat",** sagt Angelo. „Hier sind wir aufgewachsen, haben gelacht und geweint, gefeiert und getrauert! Hier war meine Hochzeit, die Kommunion, die großen Siege von Ferrari in der Formel 1 oder die Spiele von Neapel. Und da vorn, da saß immer der Opa, damit er den Ausgang und die Kellner an der Kasse gleichzeitig im Blick haben konnte." Den Opa haben die Tortoras inzwischen an der Wand verewigt. Als Pate eingearbeitet in ein Gemälde hinter Glas mit lauter anderen italienischen Legenden.

Manche von denen finden sich auch auf der Speisekarte wieder. Bud Spencer steht für die Pizza mit Rinderhackbällchen, Sophia Loren für eine Variante mit Lachs. Die Green Gamba Bowl beweist, dass das Mamma Lina längst mehr zu bieten hat als „nur" italienische Klassiker. „Pizza Prosciutto hat doch jeder schon mal gegessen", sagt Angelo. „Wir wollen mehr mit der Zeit gehen, mehr Erlebnis bieten. Unser Job ist es, dass die Leute hier eine richtig gute Zeit haben." Besonders deutlich wird das am Wochenende. Ab etwa neun Uhr wird die Musik lauter, die Stimmung ausgelassener und irgendwann springt immer einer auf und sabriert eine Flasche Champagner – Yes please! Ist das noch Restaurant, schon Club oder einfach nur pure Lebensfreude?

37 MAMMA LUNA

EIN ABEND PURER LEBENSFREUDE?! YES, PLEASE!

30 Minuten | vegetarisch | Für 1 Pizza

NONNA LINAS **PARMIGIANA**

Wie der Name schon verrät, ist diese Pizza unserer Oma Lina gewidmet. Nonna Lina ist in Neapel geboren, hat aber seit 1992 bis zu ihrem Tod in Baden-Baden gelebt. Als Kinder waren wir jeden Freitag bei ihr. Wir erinnern uns noch gut daran, dass sie uns immer Auberginenauflauf oder Pasta alla Parmigiana gekocht hat. Die Inspiration für die Pizza mit frittierten Auberginen-Streifen rührt dementsprechend von der Erinnerung an sie!

FÜR DEN BELAG

1 Teigling (300 bis 350 g) | **¼ Aubergine** | **4 Basilikumblätter** | **100 g rote Tomatensauce** (siehe S. 101)
30 g Parmesancreme (siehe S. 102) | **120 g Burrata** | **5 g Parmesan** | **Pfeffer**

Die Aubergine in Julienne (längliche quadratische Streifen) schneiden und mehlieren. Danach in einer Fritteuse ausbacken, bis die Streifen leicht bräunlich werden. Die Basilikumblätter ebenfalls in Julienne schneiden und bereithalten.

Wer keine Fritteuse zur Hand hat, kann die Auberginen-Streifen nach Belieben auch im Backofen backen oder in einer Pfanne kurz anbraten

Den Pizzateig in der klassischen Vesuvform ausbreiten, dabei den Rand etwas dicker ausformen als die Mitte, damit er beim Backen schön hochkommen kann. Die Mitte der Pizza mit der Tomatensauce bestreichen. Die Parmesancreme auf dem Rand der Pizza verteilen.

Jetzt die Pizza im vorgeheizten Ofen goldbraun backen. Bei 200 Grad mit Ober-/Unterhitze braucht es dafür etwa 8 Minuten, bei 250 Grad 4 bis 5 Minuten und mit Pizzastein und 350 Grad Hitze etwa 60 Sekunden.

Die Burrata gezupft auf die noch dampfend heiße Pizza geben. Die frittierten Auberginen-Streifen darauf verteilen. Zum Schluss den geraspelten Parmesan, die in Streifen geschnittenen Basilikumblätter und ein bisschen schwarzen Pfeffer auf die Pizza streuen.

20 Minuten | mit Fleisch | Für 1 Pizza

PIZZA '87

1987 ist ein gedenkwürdiges Jahr für unsere Familie. Damals hat unser Vater, Carmine Tortora, das Abenteuer mit dem Mamma Lina gestartet. Die Haus-Pizza '87 ist also wie der Gründungsstein unseres Restaurants. Unser Vater belegte damals Margherita-Pizzen mit mild-würzigem Parmaschinken. Wir verwenden heute edlen San Daniele Crudo. Der ist zwar etwas teurer, aber vom Geschmack her noch mal süßer und milder als der Parmaschinken

Der Schinken wurde nach seinem Herkunftsort San Daniele del Friuli im Norden Italiens benannt, wo er nur mit Meersalz an der Luft getrocknet wird. Zu seinem mild-süßlichen Geschmack passt ein milder Weißwein

FÜR DEN BELAG

1 Teigling (300 bis 350 g) | **100 ml rote Tomatensauce** (siehe S. 101) | **30 g Parmesancreme** (siehe S. 102)
160 g Fior di Latte | **2 EL Olivenöl** | **4 Scheiben Schinken** (San Daniele Crudo)

Den Pizzateig auf der Arbeitsfläche ausbreiten und in der klassischen Vesuvform ausbreiten, dabei den Rand etwas dicker ausformen als die Mitte, damit er beim Backen schön hochkommen kann.

Die Tomatensauce in die Mitte der Pizza geben. Fior di Latte zerzupfen und über die Tomatensoße verteilen. Den inneren Rand der Pizza mit der Parmesancreme bestreichen und das Olivenöl gleichmäßig über den Rand träufeln. Das sorgt später mit dem Backen für einen Knuspereffekt.

Im vorgeheizten Ofen goldbraun backen. Bei 200 Grad mit Ober-/Unterhitze braucht es dafür etwa 8 Minuten, bei 250 Grad 4 bis 5 Minuten und mit Pizzastein und 350 Grad Hitze etwa 60 Sekunden.

Nach dem Backen den Schinken auf der Pizza drapieren.

45 Minuten | vegetarisch | Für 1 Pizza

PIZZA **ADRIANO**

Azzurro, Il pomeriggio è troppo azzurro… Na, wer kennt das weltbekannte Lied von Adriano Celentano? Der italienische Sänger, Schauspieler und Filmproduzent ist für uns eine absolute Legende. Seine Filme und Lieder gehören einfach zu uns. Klarer Fall, dass wir ihm eine eigene Pizza widmen: mit karamellisierten Walnüssen, Steinpilzcreme und Honigmelone

STEINPILZCREME FÜR 4 BIS 6 PIZZEN

400 g Steinpilze (TK) | **50 g Parmesan, gerieben** | **50 ml Olivenöl**
200 ml Kochsahne | **50 ml Brühe** | **100 g Mascarpone** | **Salz** | **Pfeffer** | **50 g Pinienkerne**

Die Steinpilze auftauen und in der Pfanne mit Olivenöl anbraten. 100 ml Kochsahne, Brühe und Mascarpone in einen Topf mit hohem Rand geben und kurz aufkochen lassen. Die angebratenen Steinpilze, Salz und Pfeffer hinzufügen. Den Topf vom Herd herunternehmen. Die Masse in den Mixer geben, Pinienkerne beigeben und pürieren. Je nach gewünschter Sämigkeit die Creme mit den restlichen 100 ml Kochsahne verdünnen.

FÜR DEN BELAG

1 Teigling (300 bis 350 g) | **½ Honigmelone** | **4–5 Steinpilze** | **1 TL Butter** | **3 Walnüsse, ganz**
2 EL Ahornsirup | **80 g Steinpilzcreme** | **160 g Fior di Latte** | **20 g Gorgonzola**

Aus der Melone mit einem Kugelausstecher 6 gleichgroße Kugeln herausschneiden.

Die Steinpilze putzen, vierteln und in einer Pfanne mit etwas Butter goldbraun braten. Parallel die Walnüsse leicht zerdrücken und in einer Pfanne ohne Öl anrösten. Ahornsirup zugeben und karamellisieren, bis der Sirup in die Nüsse übergeht.

Die Pizza in der klassischen Vesuvform ausbreiten. Achtet darauf, den Rand etwas dicker auszuformen als die Mitte, damit er beim Backen schön aufgehen kann. Mit der Steinpilzcreme und Fior di Latte belegen, den Rand mit Olivenöl einstreichen und backen. Bei 200 Grad mit Ober-/Unterhitze braucht es dafür etwa 8 Minuten, bei 250 Grad 4 bis 5 Minuten und mit Pizzastein und 350 Grad Hitze etwa 60 Sekunden.

Die fertig gebackene Pizza mit Steinpilzen, karamellisierten Walnüssen, Gorgonzola und Melonenkugeln belegen.

Wer keinen Kugelausstecher zur Hand hat, kann auch einen Espresso-Löffel nehmen, der erfordert allerdings etwas mehr Geschick und Geduld

CPARM
'87

30 Minuten | mit Fleisch | Für 1 Pizza

PIZZA TARTUFO NEXT LEVEL

Trüffel gehören zu den edelsten Pilzen, die Italiens Wälder zu bieten haben – und dürfen daher natürlich nicht auf der Mamma Lina-Speisekarte fehlen. Ihr feiner, erdig-nussiger Geschmack ist die perfekte Ergänzung zu würzigem Schinken und cremig-zartem Burrata. Besonders in der Trüffelsaison im Herbst ein echter Hochgenuss!

TRÜFFELCREME FÜR 4 BIS 6 PIZZEN

100 g weiße Champignons | 20 g Butter | 50 g frische Burgunder- oder Perigord-Trüffel 250 ml Kochsahne | 40 ml Trüffelöl | 120 ml Wasser | Salz | Pfeffer

Champignons putzen, kleinschneiden und in einer Pfanne mit Butter anbraten. Abkühlen lassen und in ein hohes Gefäß oder in den Thermomix geben. Trüffel, Kochsahne und Trüffelöl dazugeben und fein pürieren. Dabei nach und nach Wasser hinzufügen, bis eine dickflüssige Masse entsteht. Mit Salz und Pfeffer abschmecken.

FÜR DEN BELAG

1 Teigling (300 bis 350 g) **| 120 g Trüffelcreme | 160 g Fior di Latte | 1 EL Olivenöl | 120 g Burrata 4 Scheiben Schinken** (San Daniele Crudo) **| 10 g frische, schwarze Trüffel | Pfeffer**

Die restliche Trüffelcreme könnt ihr z. B. als Aufstrich verwenden oder mit Pasta und frisch geriebenem Parmesan servieren

Den Pizzateig auf der Arbeitsfläche ausbreiten und in der klassischen Vesuvform ausbreiten, dabei den Rand etwas dicker ausformen als die Mitte, damit er beim Backen schön hochkommen kann.

Die Pizza mit der Trüffelcreme bestreichen und mit dem in Stücke gezupften Fior di Latte belegen. Den Rand mit Olivenöl einstreichen. Die Pizza bei maximaler Hitze im Backofen goldbraun backen.

Bei 200 Grad mit Ober-/Unterhitze braucht es dafür etwa 8 Minuten, bei 250 Grad 4 bis 5 Minuten und mit Pizzastein und 350 Grad Hitze etwa 60 Sekunden.

Aus dem Ofen nehmen und mit dem Burrata (am Stück oder gezupft, ganz wie ihr wollt) und drumherum den Schinkenscheiben belegen. Trüffel darüberreiben. Mit Pfeffer würzen und servieren.

30 Minuten | mit Fleisch | Für 1 Pizza

PIZZA **MANHATTAN**

Es wird gepökelt, geräuchert, gekocht und in New York traditionell auf dem Sandwich gegessen: Pastrami. Das hauchdünne Rindfleisch vom Deli ist dort ein richtiger Klassiker und macht unserer Pizza Manhattan alle Ehre. Außerdem ist diese Pizza eine kleine Hommage an das New Yorker Stadtviertel Little Italy. Da wohnen heute zwar kaum noch Italiener, für leckere Pizzen und Pasta ist es aber bis heute bekannt…

FÜR DEN BELAG

1 Teigling (300 bis 350 g) | **1 Zwiebel** (für die Schmorzwiebeln) | **1 EL Butter** | **Salz** | **Pfeffer**
1 EL alter Balsamico | **¼ Zwiebel** (für die Zwiebelringe) | **50 g Mehl** | **Paprikapulver** | **160 g Fior di Latte**
2 EL Olivenöl | **6 Scheiben Pastrami** | **4 Basilikumblätter** | **30 g Parmesancreme** (siehe S. 102)

Zuerst bereitet ihr die Schmorzwiebeln zu. Dazu eine Zwiebel in feine Streifen schneiden. Butter in einem Topf zum Schmelzen bringen und die Zwiebelstreifen darin anschwitzen. Mit Salz, Pfeffer und Balsamico abschmecken und glasig schmoren.

Für die frittierten Zwiebelringe die zweite Zwiebel in Ringe schneiden, salzen, mehlieren und in Paprikapulver wenden. Anschließend die Zwiebeln absieben, damit überschüssiges Mehl und Gewürz nicht in der Fritteuse landet und goldbraun frittieren.

Wenn ihr die Zwiebelringe vorm Frittieren in Mehl wendet, werden sie besonders kross und knusprig!

Die Pizza in der klassischen Vesuvform ausbreiten, dabei den Rand etwas dicker ausformen als die Mitte, damit er beim Backen schön hochkommen kann. Mit Fior di Latte belegen und den Rand mit Olivenöl einstreichen. Dann die Pizza goldbraun backen.

Bei 200 Grad mit Ober-/Unterhitze braucht es dafür etwa 8 Minuten, bei 250 Grad 4 bis 5 Minuten und mit Pizzastein und 350 Grad Hitze etwa 60 Sekunden.

Nach dem Backen Pastrami, Schmorzwiebeln, frittierte Zwiebelringe und frischen Basilikum auf der Pizza verteilen. Die Parmesancreme mit einer Spritzflasche in Streifen darübergeben.

„WAS MAN MACHEN MUSS, UM GÄSTE WIE THOMAS GOTTSCHALK ZU BEGEISTERN? WIR VERSUCHEN ES EINFACH MIT DER BESTEN PIZZA WEIT UND BREIT“

ANGELO & ROBERTO TORTORA

30 Minuten | mit Fleisch | Für 1 Pizza

PIZZA **GIALLO**

Unsere gelbe Pizza Giallo ist die Lieblingspizza von Thomas Gottschalk – und auch wir lieben diesen sonnig-bunten Anblick, der einfach gute Laune macht! Gelbe Tomaten sind etwas süßer als ihre roten Verwandten und durch ihren geringeren Säuregehalt auch etwas magenfreundlicher. Ihren fruchtigen Geschmack könnt ihr hier gleich doppelt genießen: als aromatische Basis in der Sauce und halbgetrocknet als tolle Farbkleckse auf der Pizza

FÜR DEN BELAG

1 Teigling (300 bis 350 g) | **100 ml gelbe Tomatensauce** (siehe S. 101) | **120 g Büffelmozzarella**
4 Scheiben Spianata-Salami | **30 g Parmesancreme** (siehe S. 102) | **50 g gelbe Kirschtomaten, semi-dry**
30 g Basilikum-Pesto (siehe S. 101)

Die Pizza in der klassischen Vesuvform ausbreiten, dabei den Rand etwas dicker ausformen als die Mitte, damit er beim Backen schön hochkommen kann.

Die gelbe Tomatensauce auf der Pizza verteilen. Den in Stücke gezupften Büffelmozzarella und die Salami daraufgeben und die Parmesancreme auf den Rand streichen.

Im Ofen bei maximaler Temperatur goldbraun backen. Bei 200 Grad mit Ober-/Unterhitze braucht es dafür etwa 8 Minuten, bei 250 Grad 4 bis 5 Minuten und mit Pizzastein und 350 Grad Hitze etwa 60 Sekunden.

Die gelben Kirschtomaten halbieren und auf die Pizza geben. Das Pesto darauf tupfen und die Pizza sofort servieren.

Halbgetrocknete gelbe Kirschtomaten bekommt ihr genau wie die Spianata-Salami in gut sortierten Feinkostläden oder im Onlinehandel

60 Minuten | mit Fleisch | Für 1 Pizza

PIZZA **DON DIABLO**

Diavolo, Piccante, Arrabbiata: Für die kleine Scharfe unter den Pizzen gibt es viele Bezeichnungen. Unsere Don Diablo verdankt ihren Bumms dem Zusammenspiel aus roter Peperoni und Pimientos – kleinen, grünen, noch unreifen Paprikaschoten, die als Brat-Paprikas mittlerweile in den meisten Supermärkten erhältlich sind. Abgerundet mit würziger Salami und einer cremigen Burrata wird daraus eine höllisch gute Kombination!

FÜR DIE PIMIENTOS

4–6 Pimientos | Olivenöl | Knoblauch, fein geschnitten | Salz | Pfeffer

Die Pimientos waschen und längs aufschneiden. Die restlichen Zutaten vermengen und die Pimientos darin etwa 30 Minuten marinieren. In eine ofenfeste Form geben und im vorgeheizten Backofen bei 180 Grad etwa 7 Minuten backen oder in einer Pfanne bei mittlerer Hitze kurz anbraten.

FÜR DEN BELAG

1 Teigling (300 bis 350 g) **| 100 ml rote Tomatensauce** (siehe S. 101) **| 4–5 Scheiben Spianata Salami**
30 g Parmesancreme (siehe S. 102) **| 120 g Burrata | 4–6 Pimientos**
1 rote Peperoni, in feine Streifen geschnitten | Salz | Pfeffer

Die Pizza in der klassischen Vesuvform ausbreiten. Achtet darauf, den Rand etwas dicker auszuformen als die Mitte, damit er beim Backen schön aufgehen kann. Mit der roten Tomatensauce bestreichen und die Salamischeiben daraufgeben. Den Rand mit der Parmesancreme einstreichen.

Im vorgeheizten Ofen goldbraun backen. Bei 200 Grad mit Ober-/Unterhitze braucht es dafür etwa 8 Minuten, bei 250 Grad 4 bis 5 Minuten und mit Pizzastein und 350 Grad Hitze etwa 60 Sekunden.

Burrata auseinanderzupfen und auf die Pizza geben. Mit den gebackenen Pimientos und der Peperoni belegen, würzen und nach Belieben noch mit ein paar Spritzern Olivenöl abrunden. Sofort servieren.

Ihr könnt die Pimientos auch klassisch spanisch als Pimientos de Padrón zubereiten. Dafür die Marinade weglassen und die Pimientos im Ganzen frittieren, bis die Haut Blasen wirft. Auf Küchenpapier abtropfen lassen und mit Meersalz bestreuen

60 Minuten | mit Fisch | Für 1 Pizza

PIZZA **SOPHIA LOREN**

Als Star von Klassikern wie „Das Gold von Neapel", „Es begann in Neapel" oder „Skandal in Sorrent" hat Sophia Loren unserer alten Heimat ein filmisches Denkmal gesetzt – logisch, dass wir ihr deshalb eine eigene Pizza gewidmet haben! Belegt mit Lachs, Rucola, gebratener Avocado und getrockneten Zitronenscheiben schmeckt sie nach Sommer, Leichtigkeit und Lebensfreude. Göttlich, diese La Divina!

FÜR DIE GETROCKNETEN ZITRONENSCHEIBEN

100 g Zucker | 100 ml Wasser | 1 Zitrone

Natürlich kann man getrocknete Zitronenscheiben auch einfach fertig kaufen. Wir im Mamma Lina aber machen sie selbst. Dafür Zucker und Wasser in einen Topf geben, aufkochen und etwa 15 Minuten köcheln lassen. Die Zitrone in sehr dünne Scheiben schneiden und über Nacht in dem Läuterzucker ziehen lassen. Herausnehmen, auf ein mit Backpapier belegtes Backblech legen und im Backofen bei 90 Grad etwa 1 Stunde trocknen lassen.

FÜR DIE GEBRATENE AVOCADO

½ Avocado | Olivenöl | Salz | Pfeffer

Die halbe Avocado vierteln. Mit Öl bestreichen, würzen und in der Pfanne oder auf dem Grill bei milder Hitze anbraten.

FÜR DEN BELAG

1 Teigling (300 bis 350 g) | **160 g Fior di Latte** | **30 g Parmesancreme** (siehe S. 102)
160 g Räucherlachs | 1 Handvoll Rucola | 4 gebratene Avocadostreifen
30 g Avocadocreme (siehe S. 103) | **30–40 g gelbe Kirschtomaten, semi-dry**
Vene-Kresse (oder Brunnenkresse) | **2 getrocknete Zitronenscheiben | Salz | Pfeffer**

Wer es ein bisschen würziger mag, gibt noch einen halben Teelöffel rosa Pfefferbeeren auf die Pizza

Die Pizza in der klassischen Vesuvform ausbreiten, dabei den Rand etwas dicker ausformen als die Mitte, damit er beim Backen schön hochkommen kann.

Die Pizza mit Fior di Latte belegen und den Rand mit der Parmesancreme bestreichen. Im vorgeheizten Backofen goldbraun backen. Den Räucherlachs in dicke Streifen schneiden und auf der heißen Pizza verteilen. Den Rucola und die gebratenen Avocadostreifen dazugeben. Die Avocadocreme darauftupfen und mit den gelben Kirschtomaten, der Kresse und den Zitronenscheiben garnieren. Mit Salz und Pfeffer abschmecken und sofort servieren.

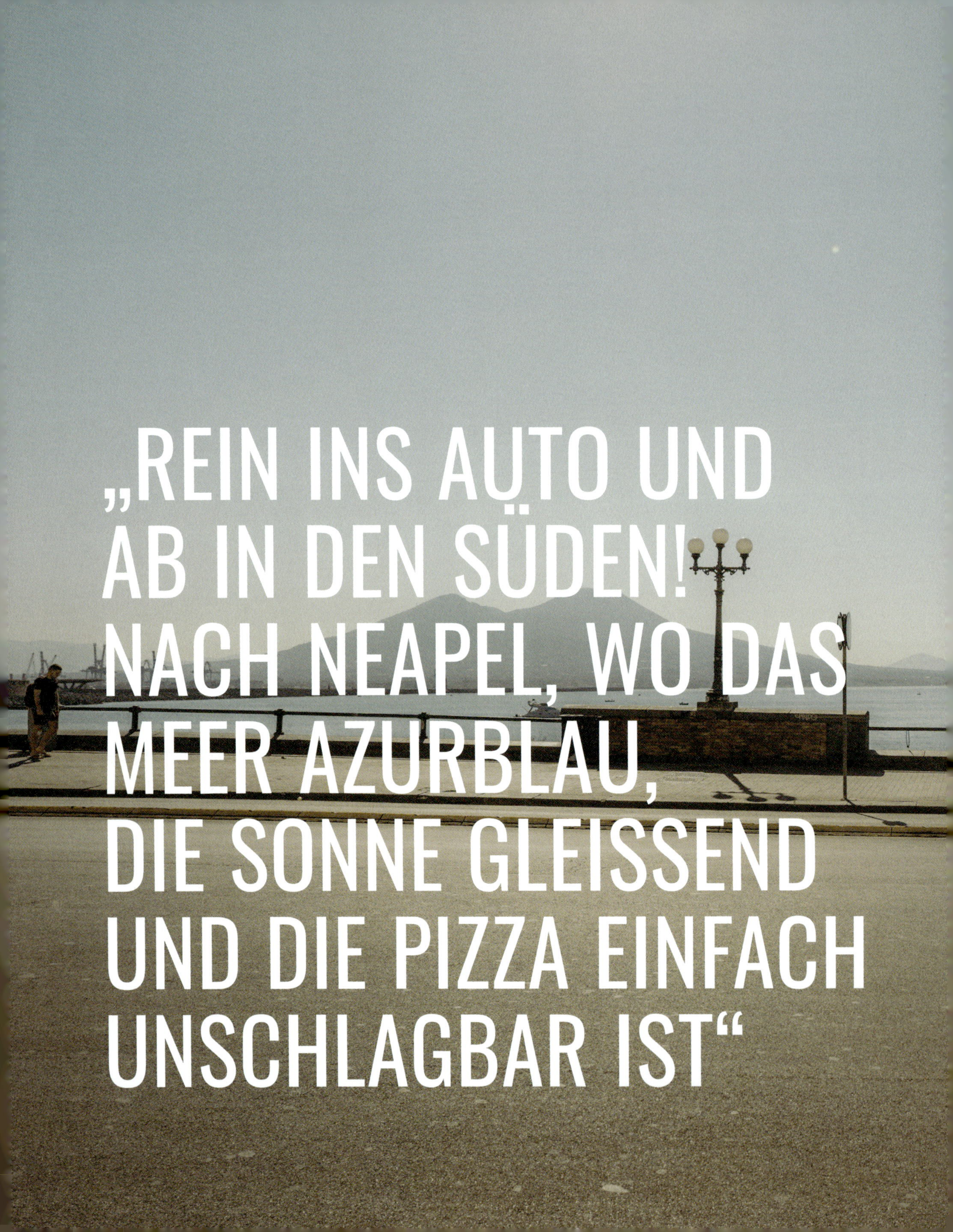

„REIN INS AUTO UND AB IN DEN SÜDEN! NACH NEAPEL, WO DAS MEER AZURBLAU, DIE SONNE GLEISSEND UND DIE PIZZA EINFACH UNSCHLAGBAR IST“

'87 MAMMA LINA
WACKENHUT

UNSER ROADTRIP IN DIE HEIMAT DER PIZZA

ZWISCHEN **VESUV** UND **WAHNSINN**

Neapel lässt niemanden kalt. Dafür ist die Stadt viel zu wild, laut, lebendig und bietet so viel zum Entdecken! Also Sachen packen, auf in den Süden und hinein in diese quirlige Stadt, wo man mit guter Pizza zu einem Popstar werden kann

(Vorherige Seite) Die perfekte Kutsche für unsere Reise: Wackenhut aus Baden-Baden hat für unseren Roadtrip nach Neapel eine komfortable V-Klasse zur Verfügung gestellt. Und das für eine Expedition in die Stadt der Beulen, Dellen und Kratzer

Mag ja sein, dass Neapel in Italien liegt. Und Italien mitten in Europa. Gefühlt aber haben wir vor ein paar Minuten eine ganz eigene Welt betreten. Neapel bei Nacht. Es ist drei Uhr in der Früh, ein Mittwoch und die Terrassen vor den Cafés am Hafen sind rappelvoll. Warum? Weil diese Stadt eine Energie hat, die ihresgleichen sucht. Ein einzigartiger Ort. Irgendwie jenseits von Gut und Böse und nach eigenen Regeln lebend. Manche sagen: Neapel ist die italienischste Stadt Italiens. Auf jeden Fall empfängt uns die Stadt am Golf ganz anders als es das strebsame Mailand täte, das herrlich verfressene Bologna, das kunstverliebt-intellektuelle Florenz oder das ewige Rom mit seinen unfassbaren Touristenströmen. Aber was haben wir vom Ziel unseres Roadtrips auch anderes erwartet?

Ich mein': **Wir kommen aus Baden-Baden, der kleinsten Weltstadt Europas.** Roundabout 50 000 Einwohner. Beschaulich, behütet, ein bisschen etepetete. Sehr schick, sehr elegant, mit mondäner Tradition als Kurort der Schönen und Reichen des 19. Jahrhunderts. Hinter den Häusern ragt der heimelige Schwarzwald und nicht ein feuerspuckender Vulkan in die Höhe und die Lokalzeitung an der Oos berichtet darüber, dass ein Kaktus blüht und der Waldspielplatz nun einen Spielzeugzug aus Holz hat. Auch Baden-Baden ist Weltkulturerbe – das ja – aber damit sind die Gemeinsamkeiten mit Neapel dann auch schon erschöpft. Daheim wären jetzt um drei Uhr die Bürgersteige längst kehrgewocht und hochgeklappt, keiner Menschenseele würde man noch begegnen, aber in Napoli macht man die Nacht zum Tag und es ist nichts Besonderes. Links und rechts donnern junge Menschen zu zweit, zu dritt auf Rollern an uns vorbei, als wir über die Via Nuova Marina am Hafen vorbei Richtung Castel Nuovo rollen. Nicht weit von der Piazza del Plebiscito haben wir eine Unterkunft gemietet – unser Ausgangspunkt, um eine Stadt zu erkunden, die sich gar nicht so einfach erforschen lässt.

Neapel. Jeder von uns hat Bilder im Kopf, wenn es um die Wiege der Pizza geht. Man denkt an

Das Abenteuer beginnt. Willkommen in Neapel! Mit schlafloser Geschäftigkeit begrüßt uns die Stadt am Golf, wo heute Nacht bei Capri der weiße Mond im Meer versinkt

LOUIS VUITTON

ARTIERI
AGNOLI
10

Die Helden von Neapel: Der Stadtpatron, Märtyrer und Bischof San Gennaro (hier am Palazzo Forcella verewigt) und Maradona werden in Napoli als Volkshelden verehrt. Überall in der Stadt werden auch heute noch Maradona-Shirts und Napoli-Schals verkauft und getragen

Maradona, an die Mafia, an die Hauptstadt des Königreichs Italien. Bud Spencer war Neapolitaner, Sophia Loren natürlich, Kaiserin Maria-Theresia. Wer auf Wikipedia nach weiteren Söhnen und Töchtern der Stadt schaut, wird fast erschlagen von Fußballern, Rennfahrern, Fechtern und Boxern, von Schauspielern, Schriftstellern und Musikern. Neapel ist die Stadt der Unerschrockenen, vielleicht hat das was mit dem nahen Vesuv zu tun, der ja auch jederzeit hochgehen könnte, vielleicht auch nicht. In jedem Fall spürt man: Wenn du hier was werden willst, musst du den Hintern hochkriegen, darfst dich von nichts und niemand aufhalten lassen, musst von kleinauf lernen, dich durchzusetzen. Geschenkt wird dir hier nichts. So ist das eben in einer Stadt voller Stolz und Armut, in der riesige eiserne Ruinen am Stadteingang vom industriellen Glanz vergangener Tage künden. Ein bisschen ein gefallener Riese, ein Underdog mit Nehmerqualitäten.

Den nächsten Morgen beginnen wir ein bisschen planlos. Erst zum Vesuv? Zur Promenade vor der historischen Rada Caracciolo oder gleich ins Centro Storico, dieses wilde Herz von Neapel, das so viel mehr ist als nur eine Altstadt? Am Ende wird es Pompeji und das Santuario del Rosario. Wir lernen bei Pizzaiolo Vincenzo Capuano (mit Restaurants in Neapel, Pompeji, Berlin und Bielefeld), wie man eine Pizza nach neapolitanischer Art halbiert, faltet und einfach a libretto mit den Händen isst. Danach lassen wir uns irgendwo im Nirgendwo ein handgeschleudertes Granité von Felice detto Opazzo schmecken, dem verrückten Eismann, und machen einen Abstecher nach Terzigno, wo Carmine Tortora geboren und getauft wurde, wo die Familie herkommt – aber davon berichten wir an anderer Stelle ja noch ausführlicher.

Also zurück nach Napoli! Mit unserem Schwaben-Bully, einer obsidian-schwarzen Mercedes V-Klas-

se von Wackenhut in Baden-Baden, geht es am zweiten Tag rein in den Verkehr dieser Um-ein-Haar-Millionenstadt, in der wir nicht ein einziges Fahrzeug ohne Beulen sehen. Natürlich fahren in Süditalien viele Menschen etwas eigenwillig, aber Neapel setzt dem Ganzen noch mal eine Schippe drauf. Dabei gilt: Wer wartet, wartet lang! Also Augen auf und mitten durch. Ampelfarben haben hier nur Empfehlungscharakter und an ungeregelten Zebrastreifen bleibt sowieso niemand stehen – weder Autos noch Mofas oder Fußgänger. Freunde gepflegter Verkehrsregeln laufen so zwar Gefahr, vor Stress einen Herzinfarkt zu erleiden, aber will man in Neapel ans Ziel kommen, geht es nicht anders.

Auf den Schreck gönnen wir uns erst einmal noch eine Pizza. Welch Glück, dass wir direkt vor der *L'antica Pizzeria da Michele* in der Via Sersale einen zumindest halblegalen Parkplatz finden. Keiner schreit, keiner schießt, also rüber zu einer der ältesten und besten Pizzerien der Stadt. 1870 gegründet. Die ganze Tür voller Empfehlungs-Aufklebern von Gastroführern. Aber 'ne Speisekarte? Gibt es nicht. Man hat die Wahl zwischen Marinara und Margherita, jeweils sieben Euro, fast geschenkt für ein Lokal, das im Guide Michelin ausdrücklich empfohlen wird. Wer sich hier wie einst Julia Roberts in *Eat. Pray. Love.* reinsetzen will, muss Geduld mitbringen, Hitze abkönnen und einen Zettel ziehen. Zwei Stunden Wartezeit für einen Tisch mit Plastikstuhl und einem bestenfalls praktisch zu nennenden Ambiente? Dann lieber 'ne Pizza to go und für Instagram ein Foto von außen. So Julia-verrückt sind wir dann ja doch nicht.

Nach kaum fünf Minuten ruft einer unsere Namen. Pizza ist fertig! Also noch mal durchs Gedränge wühlen, den Karton holen, dabei eine

Hand immer auf der Hosentasche mit dem Geldbeutel lassen. Sicher ist sicher. Während wir uns die großartige Marinara mit Oregano und Knoblauch auf der erstbesten Motorhaube schmecken lassen, ist Zeit für ein bisschen Pizza-Wissen von Papa Carmine Tortora, der glücklicherweise nicht nur italienisch, sondern auch neapolitanisch spricht und so viel über die Stadt und ihre Geschichte weiß.

Für einen Neapolitaner ist klar, dass die Pizza in Neapel erfunden wurde. Wann immer das auch gewesen sein mag. 1738 wurde die *Antica Pizzeria Port'Alba* gegründet und 1830 in eine Pizzeria-Osteria umgewandelt. Die Pizzeria *Brandi* wurde 1780 gegründet und gehört ebenfalls zu den besten Adressen für den runden Fladen. Umberto Fornito aus dem *Cavaliere* war schon mehrfach Weltmeister, im *di Matteo* aß schon Bill Clinton eine Margherita aus der Hand und im *Il Bellini* waren Sophia Loren und Giorgio Armani zu Gast.

Zum Ursprung der Pizza halten Neapels Pizzaiolos eine hübsche Anekdote bereit: Im Jahr 1889 soll Raffaele Esposito von König Umberto I. und seiner Frau Margherita beauftragt worden sein, eine Pizza zu servieren. Damals war die heute weltweit beliebte italienische Spezialität noch nicht so populär. Im Gegenteil: Pizza wurde normalerweise von armen Leuten gegessen. Ein bisschen Mehl, ein paar Tomaten, Kräuter – das konnte sich fast jeder leisten.

Für das Königspaar aber konnte man sich nicht lumpen lassen, also eilte Esposito in die royale Küche und zauberte patriotisch-opulent in den italienischen Nationalfarben: Basilikum, Mozzarella, Tomate. Die Königin soll ihr Essen so genossen haben, dass sie einen Brief mit höchsten Lobpreisungen schickte. Esposito nutzte diese Empfehlung, taufte die Pizza Margherita und warb fortan damit für sein Restaurant.

Fast zu schön, um wahr zu sein? Kann schon sein. Historikern zufolge war Esposito einfach ein cleverer Geschäftsmann und der einzige Pizzabäcker, der die Empfangsbestätigung des Hofes

Eine der besten Adressen für Pizza in Neapel: Im 50 Kalò di Ciro Salvo an der Piazza Sannazaro gibt es Slow Food Pizzen mit lokalen Spezialitäten wie der roten Wurst von Castelpoto

Carmine und Angelo auf dem Weg durch die engen Gassen der Altstadt – voraus grüßt der Vesuv, unter dem es ähnlich brodelt wie nachts in diesem Teil der Stadt

aufbewahrte. So wurde er zum Vater der modernen Pizza – und Neapel zu ihrer Wiege. Sei's drum: Inzwischen ist die Kunst der neapolitanischen Pizzabäcker Weltkulturerbe, sie ist als Warenzeichen der EU eingetragen, die traditionelle Zusammensetzung und Herstellung des Gerichts sind geschützt. Weichweizenmehl, Hefe, natürliches Trinkwasser, Tomaten, Salz, natives Olivenöl; frisches Basilikum und Mozzarella, gebacken in Holzöfen – nur so ist's eine echte Pizza Napoletana, die in zwei Varianten daherkommt: Marinara (wie bei Michele mit Oregano und Knoblauch) und Margherita.

„FÜR NEAPOLITANER IST KLAR, DASS DIE PIZZA EINST HIER IN NEAPEL ERFUNDEN WURDE. NUR WIE?"

Der Pizza zu Ehren verwandelt sich die Riviera Neapels jedes Jahr in die größte Outdoor-Pizzeria der Welt: Beim Napoli Pizza Village Festival treten die besten Pizzaiolos des gesamten Globus gegeneinander an und küren die Besten der Besten. Alle mit den gleichen Öfen, alle mit heiligem Ernst. Drumherum wird in den Abendstunden zehn Tage lang gegessen und getrunken, die ganze Stadt ist mit dabei.

Bis dahin aber haben wir noch Zeit. Also rein in die Altstadt! Den Schmuck in die Hosentasche, die Uhr verstecken und dann los! Hinein in ein Labyrinth voller wild gestikulierender Menschen, romantischer Gassen, Restaurants und Boutiquen. Das komplette Herz der Stadt zählt zum UNESCO Weltkulturerbe. Das Schlendern durch die pulsierenden Adern dieser Stadt ist ein Muss bei jedem Kurztrip nach Neapel. Hier wird geschrien, geflucht, wild gestikuliert, Mütter werden beleidigt und Ampelfarben ignoriert. Wer in Neapel ist, muss sich unbedingt einmal im Labyrinth dieser gefühlt tausend steilen Gassen verlieren. Die Wäscheleinen baumeln wie italienische Schmuckstücke von Hauswand zu Hauswand und sind Teil dieser Stadt. Vor jedem Hauseingang findet man das älteste Mitglied der Familie, entweder wild diskutierend mit den Nachbarn oder still beobachtend, wer sich in den Gassen herumtreibt.

Die kleinen Gassen mit ihren Cafés, Marktständen, Granité-Händlern und kleinen Geschäften bilden einen Kontrast zu den sonnigen Plätzen, in denen viele münden. Sehr hübsch: die Piazza del Gesù Nuovo und Piazza Bellini. Man muss einfach die Augen offen halten, denn es gibt an jeder Ecke etwas zu sehen. Außerdem hat man sich ansonsten auch mal ruckzuck verlaufen ...

Am Abend erwacht dann auch wieder die andere Seite Neapels. Auf der Bühne am Eingang zum Pizza Village geht schon der Punk ab, dahinter glühen die Öfen der Pizzaiolos. An einem Abend von gleich vier berühmten Pizzerien kosten? Kein Problem. Also starten wir für sechs Euro mit einer Margherita von Gino Sorbillo, der sich unlängst mit Flavio Briatore angelegt hat und dessen Crazy-Pizza-Konzept mit Preisen von jenseits der 50-Euro-Grenze für eine Pizza als kulinarische Wegelagerei geißelt. Angelo und Roberto machen Erinnerungsfotos mit den Stars der Szene, die sich hier die Pizza-Schaufel in die Hand geben, und wir genießen eine großartige Pizza Pancetta mit Bauchspeck, bevor auch wir dem Duft der Pizza Fritta erliegen, wie sie Sophia Loren 1954 in *Das Gold Neapels* servierte. Zusammengelegt zu einem Zweispitz, knusprig ausgebacken in Öl, gefüllt mit Prosciutto, Pomodori und Käse: Kein Wunder, dass die Fritta – allen Margherita-Traditionalisten zum Trotz – die Lieblingspizza der Nachtschwärmer ist!

Drei Tage Neapel reichen für 1000 neue Eindrücke und für mehr als ein Dutzend Pizzen von den besten Pizzaiolos der Welt. Dass gerade Pizza Village ist (unten), kommt uns dabei natürlich sehr zugute …

ISTRUISCIT

15 Minuten | vegetarisch | Für 1 Pizza

PIZZA **MARGHERITA**

Die Königin unter den Pizzen: Dieser Klassiker aller Klassiker ist nach der italienischen Königin Margherita benannt, die der Legende nach im Jahr 1889 zum ersten Mal eine Pizza mit Tomatensauce, Käse und frischem Basilikum serviert bekam – und so begeistert war, dass sie Pizzabäcker Raffaele Esposito einen persönlichen Dankesbrief schrieb. Ob's stimmt? Egal! Denn noch heute ist diese so einfache wie geniale Kombination ziemlich unschlagbar…

Eine Pizza Margherita könnt ihr natürlich ganz nach eurem Geschmack variieren. Unser Tipp: Gebt doch mal etwas frischen Bärlauch oder schwarzen Trüffel dazu – eine Wucht!

FÜR DEN BELAG

1 Teigling (300 bis 350 g) | **100 ml rote Tomatensauce** (siehe S. 101) | **160 g Fior di Latte**
1 EL Olivenöl | **30 g Parmesancreme** (siehe S. 102) | **4 Basilikumblätter**

Die Pizza in der klassischen Vesuvform ausbreiten. Achtet darauf, den Rand etwas dicker auszuformen als die Mitte, damit er beim Backen schön aufgehen kann. Mit der roten Tomatensauce bestreichen. Den Fior di Latte in Stücke zupfen und auf der Pizza verteilen. Den Rand mit dem Olivenöl und der Parmesancreme bestreichen.

Im vorgeheizten Ofen goldbraun backen. Bei 200 Grad mit Ober-/Unterhitze braucht es dafür etwa 8 Minuten, bei 250 Grad 4 bis 5 Minuten und mit Pizzastein und 350 Grad Hitze etwa 60 Sekunden.

Die Basilikumblätter auf der Pizza verteilen, nach Belieben noch ein paar Spritzer Olivenöl daraufgeben und sofort servieren.

30 Minuten | mit Fisch | Für 1 Pizza

PIZZA **MARINARA** RELOADED

Auf eine echte Pizza Marinara gehören eigentlich nur vier Zutaten: Tomatensauce, Olivenöl, Knoblauch und Oregano. Der Name hat also erst mal nichts mit Fisch oder Meeresfrüchten zu tun – vielmehr war diese Pizza früher einfach bei italienischen Fischern und Seefahrern beliebt. In unserer Version gibt's dann aber doch ein paar frische Sardellen – oder Alici – dazu, die zusammen mit Kapern und Oliven für eine ordentliche Portion Mittelmeer auf dem Teller sorgen

FÜR DIE ALICI UND DIE KAPERN

8 frische Alici | 2 EL eingelegte Kapern | 50 g Mehl | Sonnenblumenöl

Die Alici kauft ihr am besten frisch beim Fischhändler und lasst sie euch dort gleich küchenfertig zubereiten. Die Kapern in ein Sieb abgießen und gut abtropfen lassen. Beides mehlieren und nach Belieben entweder in der Pfanne knusprig anbraten oder in der Fritteuse ausbacken.

Statt frischer Alici könnt ihr natürlich auch die handelsüblichen eingelegten Sardellen verwenden. Einfach abtropfen lassen und auf die Pizza geben – ist aber leider nur halb so gut …

FÜR DEN BELAG

1 Teigling (300 bis 350 g) **| 100 ml rote Tomatensauce** (siehe S. 101) **| 1 EL Olivenöl**
4 Datteltomaten, geviertelt | 2 EL Kalamata-Oliven, entsteint | 2 EL gebratene oder frittierte Kapern
8 gebratene oder frittierte Alici | 1 Msp. Oregano

Die Pizza in der klassischen Vesuvform ausbreiten. Achtet darauf, den Rand etwas dicker auszuformen als die Mitte, damit er beim Backen schön aufgehen kann. Mit der roten Tomatensauce bestreichen und den Rand mit dem Olivenöl einstreichen.

Im vorgeheizten Ofen goldbraun backen. Bei 200 Grad mit Ober-/Unterhitze braucht es dafür etwa 8 Minuten, bei 250 Grad 4 bis 5 Minuten und mit Pizzastein und 350 Grad Hitze etwa 60 Sekunden.

Die Pizza nach dem Backen mit den Datteltomaten, den Oliven, den Kapern und den Alici belegen. Mit Oregano würzen und sofort servieren.

30 Minuten | vegetarisch | Für 1 Pizza

PIZZA **REGGINELLA**

Die Königin der Pizzen! Nicht nur geschmacklich, sondern auch wegen ihres Namens: Denn Regina ist nichts anderes als das italienische Wort für Königin. Die Pizza Regginella heißt also übersetzt die kleine Königin. Wir sind überzeugt: Diesen Titel hat sie mit marinierten Datteltomaten und frischem Basilikum absolut verdient!

FÜR DEN BELAG

1 Teigling (300 bis 350 g) | **3 gelbe, marinierte Datteltomaten** | **3 rote, marinierte Datteltomaten**
4 EL Olivenöl | **½ Zehe Knoblauch** | **1 Zweig Thymian** | **1 Zweig Rosmarin** | **Salz** | **Pfeffer**
120 g Büffelmozzarella | **30 g Parmesancreme** (siehe S. 102) | **4 Basilikumblätter**

Die Pizza in der klassischen Vesuvform ausbreiten, dabei den Rand etwas dicker ausformen als die Mitte, damit er beim Backen schön hochkommen kann.

Den Ofen auf 180 Grad vorheizen. Jetzt die Tomaten marinieren. Dafür schneidet ihr sie in Viertel und legt sie auf ein Blech. Mit 2 EL Olivenöl beträufeln, den gepressten Knoblauch, den Thymian und Rosmarin drübergeben und sanft vermengen. Salzen, pfeffern und für 7 Minuten in den Ofen schieben.

Jetzt die Büffelmozzarella zupfen und auf den vorbereiteten Teigling geben. Die marinierten Tomaten gleichmäßig verteilen. Nun die Parmesancreme verteilen und 2 EL Olivenöl auf den Rand der Pizza streichen.

Die Pizza im Ofen goldbraun backen. Bei 200 Grad mit Ober-/Unterhitze braucht es dafür etwa 8 Minuten, bei 250 Grad 4 bis 5 Minuten und mit Pizzastein und 350 Grad Hitze etwa 60 Sekunden.

Die Pizza aus dem Ofen nehmen und mit Basilikumblättern bestreuen.

Wir verwenden für diese Pizza Datteltomaten, da sie schön knackig sind und süßlich schmecken. Wer keine vorrätig hat oder experimentierfreudig ist, kann natürlich auch andere Tomatensorten verwenden. Welche ist eure Lieblingssorte?

25 Minuten | mit Fleisch | Für 1 Pizza

PIZZA **SALSICCIA**

In Neapel würzt man die Salsiccia traditionell mit Fenchelsamen und Knoblauch und verkauft sie als rohe, ewig lange Bratwurst. Man kann die Salsiccia natürlich einfach grillen oder als Basis für eine Pastasauce nehmen. Bei uns dagegen kommt die Salsiccia auch auf die Mafiatorte – mit Chips und Rübengemüse einfach großartig

FÜR DEN BELAG

1 Teigling (300 bis 350 g) | **140 g Salsiccia** | **1 Knoblauchzehe**
150 g Rübengrün (von der Karotte oder vom Stängelkohl)
1 kleine Kartoffel | **160 g Fior di Latte** | **2 EL Olivenöl**

1 rohe Salsiccia vom Metzger eures Vertrauens kaufen – wir bekommen unsere von Sapros, aber das nur am Rande. Die Wurst aus dem Darm befreien und in kleine Stücke zupfen. Den Knoblauch schälen und hacken. Die Wurststücke mit dem Rübengrün (Cima di Rapa ist am besten, aber mit frischem Karottengrün geht's auch) und dem Knoblauch in einer Pfanne anbraten und bereitstellen.

Die Kartoffel in feine Chips hobeln, kurz in Eiswasser legen, dann in 175 Grad heißem Öl frittieren und auf einem Küchenpapier entfetten.

Die Pizza in der klassischen Vesuvform ausbreiten, dabei den Rand etwas dicker ausformen als die Mitte, damit er beim Backen schön hochkommen kann. Fior di Latte auf der Pizzamitte verteilen und den Rand mit Olivenöl bestreichen.

Bei 200 Grad mit Ober-/Unterhitze braucht das Backen etwa 8 Minuten, bei 250 Grad 4 bis 5 Minuten und mit Pizzastein und 350 Grad Hitze etwa 60 Sekunden.

Sowie die Pizza aus dem Ofen kommt, wird sie mit der Salsiccia-Knoblauch-Rübengrün-Mischung und den Kartoffel-Chips belegt.

Rübengrün (ital. Cima di Rapa) ist eine typische italienische Zutat, die aus Stängelkohl, dem italienischen Brokkoli, gewonnen wird. Wenn ihr das nicht bekommt, könnt ihr euch auch mit Rübengrün von der Karotte helfen oder mit dünn geschnittenem Fenchel

30 Minuten | vegetarisch | Für 1 Pizza

PIZZA **CACIO PEPE**

Das Nudelgericht Cacio Pepe aus der italienischen Region Latium war früher mal eine Art Notessen. Wanderhirten brauchten auf ihren langen Wegen haltbare Lebensmittel. Und was eignet sich da besser als Hartkäse (cacio) und Pfeffer (pepe)? Wir haben das Ganze mal neu interpretiert: auf unserer Pizza Cacio Pepe!

Woher kommt eigentlich der Name Babyspinat? Ganz einfach: Babyspinat wird früher geerntet als herkömmlicher Spinat. Dadurch sind seine Blätter besonders klein und zart und eignen sich wunderbar zum rohen Verzehr

FÜR DEN BELAG

1 Teigling (300 bis 350 g) | **40 g Babyspinat | 2 EL Olivenöl | 1 TL Sesam, weiß und schwarz**
Salz | Pfeffer | 160 g Fior di Latte | 80 g Pecorinocreme (siehe S. 102) | **10 g Pecorino, gehobelt**

Den Babyspinat waschen, trockentupfen und in einer großen Schüssel mit Olivenöl, Sesam, Salz und Pfeffer marinieren.

Den Pizzateig mit den Händen in der klassischen Vesuvform ausbreiten. Wichtig dabei: Lasst den Rand etwas dicker, nur so wird er später groß und fluffig!

Die Pizza mit Fior di Latte belegen und den Rand mit Olivenöl bestreichen. Bei 200 Grad mit Ober-/Unterhitze braucht das Backen etwa 8 Minuten, bei 250 Grad 4 bis 5 Minuten und mit Pizzastein und 350 Grad Hitze etwa 60 Sekunden.

Zum Belegen nach dem Backen den marinierten Babyspinat auf die Pizza geben. Aus der Pecorinocreme mit 2 Löffeln kleine Nocken formen und auf der Pizza platzieren. Zum Schluss mit frischem Pfeffer und gehobeltem Pecorino garnieren und servieren.

Latteria

TRADITIONELL UND LECKER: DER PERFEKTE PIZZAKÄSE

DAS GEHEIMNIS VON **FIOR DI LATTE**

Ohne erfahrene Käsemeister wie die in der Latteria Sorrentina in Sant'Anastasia wäre echte neapolitanische Pizza gar nicht vorstellbar. Dass in dieser Molkerei aber auch ein Höllenfeuer brennt, hat dann selbst Angelo und Roberto zum Staunen gebracht

So muss das! Marco Capezzuto mit Carmine und Angelo Tortora vor den großen Tanks, in denen aus Milch mit Lab und natürlichen Milchsäurekulturen der Rohkäse wird, aus dem später Fior di Latte entsteht: die Pizzakäse-Königin (vorherige Seite, v. l.)

Eine italienische Frau Antje sucht man in Neapel vergebens. Hollands Gouda-Botschafterin hat rund um den Vesuv kein Pendant, ganz und gar nicht, auch wenn es viel zu bewerben gäbe. Große und kleine Mozzarella-Manufakturen finden sich in Kampanien fast so zahlreich wie Felsen an der Amalfi-Küste. Mittags sieht man kleine Schlangen vor den Molkereien und wir lernen: Ein guter Mozzarella braucht nicht viel, um eine veritable Mittagspause zu vergolden. Erst recht nicht, wenn der Käse niemals einen Kühlschrank von innen gesehen hat.

Wer einmal einen wirklich frischen Mozzarella zu sommerwarmen Tomaten gegessen hat, wird mit den üblichen Industrieprodukten in deutschen Supermärkten wahrscheinlich nie wieder wunschlos glücklich. Hinzu kommt: Was wir in Deutschland als Mozzarella kennen, ist nicht einmal die halbe Wahrheit. Gerade mit Blick auf original neapolitanische Pizza! Denn natürlich gibt es großartige Rezepte, bei denen ein schöner Mozzarella di Bufala die Pizza toppen darf – normalerweise aber gilt: **Pizzaiolos schwören auf Fior di Latte, auf die Blume der Milch.** In ganz Neapel wird man keine Pizzeria finden, die nicht mit diesem Käse arbeitet. Wie man diesen Käse indes herstellt, kann man in der im Jahr 1880 von der Familie Amodio gegründeten Latteria Sorrentina erleben und auskosten.

Wie beim klassischen Mozzarella ist zunächst einmal die Milch ganz entscheidend für die Qualität. Beim Büffelmozzarella macht man sich in Kampanien seit Generationen den Umstand zunutze, dass die Milch der Wasserbüffel sehr viel fettreicher ist als die der weitverbreiteten Frisona Italiana, die übrigens nicht zufällig der schwarzbunten Holsteiner Kuh sehr ähnlich sieht. Die Frisonas Kampaniens sind nichts anderes als die Nachkommen jener friesischen Rinder, die Ende des 19. Jahrhunderts aus Holland importiert wurden. Die längst akklimatisierte Rasse setzte sich aufgrund ihrer hohen Milchleistung durch und wurde in ganz Italien zur meist verbreiteten Milchviehrasse.

Elastisch, schneeweiß und aromatisch: ein Käsemeister mit einer Probe des gerade entstehenden Fior di Latte

Handwerk trifft Hightech: In der Latteria Sorrentina stehen moderne Fermenter, in denen Computer alle wichtigen Parameter im Auge behalten. Danach aber beginnt die Arbeit der Käsemeister mit ihren Serrecchias, wie die sichelförmigen Käsemesser heißen. Zum Schluss wird's chillig – denn vorm Verpacken nimmt der Fior di Latte noch ein Bad in Salzwasser

Bei der Latteria Sorrentina gibt man sich mit Standardmilch indes nicht zufrieden, sondern arbeitet eng mit den Landwirten im grünen Süden Kampaniens zusammen. Das verwundert nicht, wenn man weiß, dass die Molkerei vor fünf Generationen auf einem der vielen Milchbauernhöfe in den umliegenden Bergen entstanden ist. Und diese Wurzeln hat man nie vergessen. „Wir ziehen natürlich bei jedem Lkw Proben und untersuchen die Milchqualität im Labor", sagt Marco Capezzuto, der Fior di Latte und Mozzarella vom Familienunternehmen Sorrentina in der ganzen Welt vertreibt. „Zudem aber zahlen wir unseren Bauern bewusst höhere Preise für bessere Milch. Im Gegenzug erwarten wir, dass eine Spezialmischung aus Heu und Getreide gefüttert wird und die Kühe wirklich gut gehalten werden."

Der große blaue Tanklaster, der gerade auf den Hof der Molkerei rollt, scheint allen Kriterien von Marco und seiner Mannschaft zu entsprechen. Jedenfalls hat er vom Labor soeben grünes Licht bekommen und darf nun sein weißes Gold über armdicke schwarze Schläuche direkt in die Fertigung pumpen lassen. Dass man hier längst nicht mehr mit romantisch anmutenden Milchkannen arbeitet, hat mit der weltweiten Nachfrage nach Fior di Latte von Sorrentina zu tun – und damit, dass es eben **sieben bis acht Kilo Milch für ein Kilo Käse** braucht.

„Wir exportieren in 80 Länder“, erklärt Marco auf dem Weg zu den Fermentern, großen Edelstahltanks mit 7500 Litern Fassungsvermögen. In den großen Edelstahltanks wird die frische Milch bei wohlig-warmen 36 Grad mit Lab versetzt. Große Rührwerke halten die Milch in Bewegung und man kann zuschauen, wie die Milch erst dünnen Schaum und dann immer dickere Flocken bildet. „Im Grund trennt sich hier der Rohkäse von der Molke“, erklärt Milch-Experte Marco.
Bei Sorrentina läuft dieser Prozess nach uralten handwerklichen Rezepten und braucht viel Zeit. „Was anderswo in fünf Minuten geschieht, dafür gönnen wir uns ein paar Stunden“, sagt Marco und erklärt uns sein Slow-Food-Produktionskonzept. „Das Endprodukt ist einfach besser, wenn man der Milch die Zeit gibt, die sie braucht. Außerdem arbeiten wir ohne Milchpulver oder irgendwelche chemischen Zusatzstoffe.“

So zeichnet sich Fior di Latte von Sorrentina und anderen traditionell handwerklich arbeitenden Molkereien auch durch seine kurze Zutatenliste aus: **Milch, Lab und Salz. Fertig.** Mehr braucht es nicht. Konservierungsstoffe schon gleich gar nicht. Und von Kartoffelmehl, Pflanzenfett oder Casein wollen wir hier gar nicht reden. „Findest Du so etwas auf der Zutatenliste, dann kauf halt was anderes“, sagt Angelo Tortora.
Wie lecker der Rohkäse ist, demonstriert uns

WACKENHUT
'87 MAMMA LINA

Das Geheimnis eines perfekten Fior di Latte erklärt uns Vertriebschef Marco Capezzuto direkt an den Fermentern. Dass wir am Ende aber auch noch Ricotta kochen und schöpfen dürfen, haben wir nicht erwartet

Marcos Vorarbeiter: Mit einem Sieb schöpft er eine Portion Käseflocken ab und lässt kurz heißes Wasser darüber laufen. **Aus den Flocken wird eine geschmeidige Masse, die herrlich Fäden zieht und binnen Sekunden zu einem Käsezopf geflochten ist.** Noch etwas kaltes Wasser drüber, damit man sich den Mund nicht verbrennt und bitteschön: Probiert mal!

„Yes, please!" ruft Angelo mit einem Blitzen in den Augen. „Das ist ja genial! So einfach und so lecker, fantastisch!" Wenn man sich den Käse genauer anschaut, wird auch klar, warum Fior di Latte bei Pizzabäckern auf der ganzen Welt erste Wahl ist. „Mozzarella ist wie ein Schwamm und enthält etwa 20 Prozent Wasser. Um Pizza zu backen, ist das nicht perfekt", erklärt mir Angelo. „Fior di Latte dagegen enthält nur etwa fünf Prozent Wasser, schmilzt nicht nur, sondern zieht auch wunderschöne Fäden und ist obendrein auch noch aromatischer."

Bis vor zehn Jahren hat die Latteria Sorrentina ihren Käse fast ausschließlich in Italien verkauft. Außerhalb Italiens kannte kaum jemand den Unterschied zwischen dem in Salzlake langsam reifenden **Mozzarella** und dem einmal auf Temperatur gebrachten Fior di Latte, den es hier in kleinen und großen Kugeln, als Barren und gestiftet gibt. Von la **Provola** mal ganz zu schweigen: Das ist **ein Fior di Latte, der in Kugeln auf Räuchergestelle** gesetzt wird und dann einmal in die Räucherkammer darf. Die traditionelle Mischung aus wenig Holz und natürlichem Stroh gibt dem Provola innerhalb von nur zehn Minuten seine goldgelbe Farbe und das feine Raucharoma. Warm und direkt aus dem Rauch einfach umwerfend, aber auch in Salzlake eingelegt eine echte Delikatesse. **Scamorza wiederum ist ein 20 Tage in der Kühlung getrockneter Fior di Latte**, aber das nur am Rande.

Wir sind derweil dem Rohkäse eine Etage nach unten gefolgt. Wann der Fior di Latte für die nächsten Arbeitsschritte bereit ist, verrät er dem Käsemeister über den PH-Wert. 5,1 – das ist perfekt! Der rohe Käseteig kommt zentnerweise auf große Stahltische mit hohem Rand. Früher waren diese Tische aus Holz, Edelstahl aber ist halt hygienischer. **Was noch wie vor 140 Jahren ist, das sind die Messer.** Serrecchia heißen die an Sicheln erinnernden großen Käsemesser, mit denen Arbeiter den Käseteig in grobe Stücke zerteilen. Von Hand und mit großer Sorgfalt – ein Knochenjob.

Der aufgebrochene Käse wandert dann eine Förderschnecke hinauf und plumpst in ein Becken mit etwas mehr als 80 Grad warmem Wasser.

Wie vorhin über dem Handwaschbecken wird hier aus dem brüchigen Rohkäse eine schöne, elastische Käsemasse, die zunächst in Formen läuft (je nach Verwendung eben kleine oder große Kugeln beziehungsweise Barren mit bis zu einem Kilo) und von dort in ein Schwimmbecken mit Salzwasser gleitet. **„Das kalte, salzige Wasser lässt die Haut entstehen und schützt das Produkt",** erklärt uns Marco. Wie viel Salz im Wasser ist, hat natürlich auch noch Einfluss aufs Produkt, darf aber an dieser Stelle nicht verraten werden. Irgend ein Detail muss ja Firmengeheimnis bleiben, oder?

Kein Geheimnis ist dagegen, was noch eine Etage tiefer vor sich geht: Hier wird der Fior di Latte nach seiner Schwimmfahrt durch das Salzwasserbecken entweder im Ganzen in Säckchen und Schächtelchen verpackt oder von gigantischen Käsehobeln in Stifte geschnitten. „Fürs Pizzabacken ist das am praktischsten", erklärt Marco und reicht uns eine Kostprobe. „Mit echtem Mozzarella könnte man das nicht machen, der würde sofort Wasser verlieren. Aber ein Fior di Latte macht das mit." Noch einen Raum weiter packen Arbeiter den Käse in Kartons. Im Kühl-Lastwagen geht es am frühen Morgen sowohl zu den Pizzerien Neapels wie über die Alpen nach Baden-Baden. Die Lieferungen nach Übersee dagegen, an den Golf und nach Australien: Die werden schockgefrostet.

Der frisch gekochte Fior di Latte läuft über eine Walze mit Formen in Richtung Salzwasser-Bad (oben rechts)

In der Räucherkammer vergolden die Spezialisten von Sorrentina ihren Fior di Latte. Wenn der Käse im intensiven Strohrauch sauniert hat, heißt er Provola

30 Minuten | vegetarisch | Für 1 Pizza

SCHWARZWALD **MARGHERITA**

Die Pizza kommt dampfend heiß aus dem Ofen, die Burrata wartet schon frisch gezupft auf ihren großen Auftritt und beim Bärlauch sehen wir doppelt: So eine Margherita habt ihr garantiert noch nicht gegessen! Als heimatverliebte Genießer waren wir auf jeden Fall schockverliebt...

BÄRLAUCH-PESTO FÜR 4 BIS 6 PIZZEN

10 g Pinienkerne | 100 g Bärlauch | 20 g Parmesan | 50 ml Olivenöl

Pinienkerne ohne Öl bei milder Hitze in einer Pfanne goldgelbrösten. Die Bärlauchblätter mit den gerösteten Pinienkernen, Parmesan und Olivenöl mit dem Pürierstab mixen. Beiseite stellen.

FÜR DEN BELAG

1 Teigling (300 bis 350 g) **| 100 ml rote Tomatensauce** (siehe S. 101) **| Salz | Pfeffer**
1 Bärlauchblatt | 120 g Burrata | 50 g Bärlauch-Pesto | 1 EL Olivenöl

Jetzt die Pizza mit etwas Semola unter dem Teig ausformen, mit der Tomatensauce bestreichen und backen. Bei 200 Grad mit Ober-/Unterhitze braucht es dafür etwa acht Minuten, bei 250 Grad vier bis fünf Minuten und mit Pizzastein und 350 Grad Hitze etwa 60 Sekunden.

Derweil das Bärlauch-Blatt waschen und in dünne Streifen (Julienne) schneiden. Die gebackene, dampfend heiße Pizza erst mit gezupfter Burrata, dann mit Bärlauch-Pesto, Bärlauchblatt-Streifen und am Ende mit etwas Öl und schwarzem Pfeffer vollenden.

Bärlauch hat nur eine sehr kurze Saison von Mitte März bis Mitte Mai. Neben Pesto kann man Bärlauch auch zu Aufstrichen und Saucen verarbeiten. In der Naturheilkunde dient das Wildkraut übrigens zur Linderung von Verdauungsstörungen

60 Minuten | mit Fleisch | Für 1 Pizza

PIZZA **BADEN-BADEN**

Wer bei Baden-Baden an Bambi denkt, liegt hier ganz richtig! Für diesen Local Hero kombinieren wir Rehschinken mit buntem Spargel und badischen Erdbeeren! Entstanden ist das Rezept übrigens für Heimat Schwarzwald, ein großartiges Magazin für Genussmenschen aus unserer Gegend

FÜR DEN BELAG

1 Teigling (300 bis 350 g) | **4 Stangen weißer Spargel | 4 Stangen grüner Spargel | 20 g Butter**
4 Erdbeeren | 2 EL Olivenöl | entweder 160 g Fior di Latte oder 100 ml gelbe Tomatensauce (siehe S. 101)
8 Scheiben Rehschinken, dünn aufgeschnitten | 1 EL Olivenöl | Pfeffer

Zunächst mal das Mise en Place. Den weißen Spargel schälen und kochen, den grünen Spargel in dünne Streifen schneiden und kurz in Butter anschwitzen. Die Erdbeeren putzen und vierteln.

Die Hitze der Pizza reicht, um den Schinken schnell auf Temperatur zu bringen. Beim Spargel ist es gut, wenn er warm auf die Pizza kommt

Den Teig in der klassischen Vesuvform ausbreiten, dabei den Rand etwas dicker ausformen als die Mitte, damit er beim Backen schön hochkommen kann. Rand mit Olivenöl bepinseln.

Diese Pizza könnt ihr entweder weiß (also einfach mit Fior di Latte ausgelegt) backen – oder auch gelb.

Bei 200 Grad mit Ober-/Unterhitze braucht es dafür etwa 8 Minuten, bei 250 Grad 4 bis 5 Minuten und mit Pizzastein und 350 Grad Hitze etwa 60 Sekunden.

Aus dem Ofen holen und den Spargel, den dünn aufgeschnittenen Schinken und die Erdbeeren darauf verteilen. Mit etwas Olivenöl und schwarzem Pfeffer toppen und servieren!

60 Minuten | mit Fleisch | Für 1 Pizza

PIZZA **BRESAOLA**

Bresaola ist ein luftgetrockneter Schinken aus Rindfleisch, der aus den norditalienischen Alpen stammt. Der milde Geschmack erinnert an sein Schweizer Pendant: das Bündnerfleisch. Auf unserer Pizza Bresaola haben wir den Rinderschinken in hauchdünnen Scheiben mit einer leckeren Artischockencreme kombiniert!

ARTISCHOCKENCREME FÜR 4 BIS 6 PIZZEN

4 ganze Artischocken | 5 EL Olivenöl | 2 Knoblauchzehen, gehackt | Salz | Pfeffer | 2–3 Zweige Thymian 2–3 Zweige Rosmarin | 200 ml Kochsahne | 60 g Parmesan

Die Artischocken von ihren Stängeln befreien, gründlich waschen und trocken tupfen. Die trockenen Spitzen und Außenblätter entfernen. Wasser in einem großen Topf erhitzen, Olivenöl, Knoblauch, Salz, Pfeffer, Thymian und Rosmarin dazugeben und aufkochen lassen. In diesem Fond werden die Artischocken für etwa 30 Minuten gekocht. Danach die Artischocken in einen Mixer geben, mit der Kochsahne und etwas von dem Kochfond vermengen. Den Parmesan dazugeben und zu einer Creme mixen.

FÜR DEN BELAG

1 Teigling (300 bis 350 g) **| 1 Artischockenherz | 2 EL Olivenöl 7 Scheiben Bresaola-Schinken, so dünn aufgeschnitten wie möglich 80 g Artischockencreme | 160 g Fior di Latte | 6 gelbe Tomaten, semi-dry 70 g Stracciatella di Bufala oder Büffelmozzarella | Pfeffer**

Damit sich die Artischocken nicht unschön verfärben, könnt ihr sie vor dem Kochen in Zitronensaft einlegen. Mit Einweghandschuhen vermeidet ihr, dass sich eure Hände braun verfärben

Das Artischockenherz in etwa 8 Stücke schneiden und in einer Pfanne mit etwas Öl kross anbraten. Den Bresaola-Schinken im Ofen bei 180 Grad für 7 Minuten backen, bis er leicht knusprig ist.

Den Teigling in der klassischen Vesuvform ausbreiten, dabei den Rand etwas dicker ausformen als die Mitte, damit er beim Backen schön hochkommen kann. Den Pizzateig mit Artischockencreme bestreichen und Fior di Latte draufgeben. Den Rand mit Olivenöl bestreichen.

Die Pizza im Ofen bei 200 Grad bei Ober-/Unterhitze für 8 Minuten, bei 250 Grad für 4 bis 5 Minuten oder auf dem Pizzastein bei 350 Grad etwa 60 Sekunden backen, bis sie goldbraun ist.

Nach dem Backen getrocknete Tomaten, Stracciatella und Artischocken auf der heißen Pizza verteilen. Zum Schluss die Schinkenscheiben draufgeben, pfeffern und genießen!

45 Minuten | mit Fisch | Für 1 Pizza

PIZZA **GREEN GAMBA**

Ursprünglich wurde Green Gamba im Mamma Lina als Bowl serviert. Da es bei den Gästen sehr gut angekommen ist, dachten wir uns – wieso nicht auch als Pizza? Gebratene Garnelen und Avocado sorgen seither für karibische Urlaubsstimmung in der Kurstadt. Noch ein Tipp: Wir braten die Garnelen in der Schale, so bleiben sie schön saftig. Die richtige Würze erhält die Pizza durch Edamame, die wir in einer Peperoni-Tomatensauce marinieren

KNOBLAUCHÖL

2 Knoblauchzehen | 50 ml Olivenöl | 50 ml Sonnenblumenöl

Die Knoblauchzehen schälen und in feine Scheiben schneiden. Die beiden Öle in ein Weckglas füllen, den Knoblauch dazugeben, mit dem Deckel verschließen und 24 Stunden ziehen lassen.

MARINIERTE EDAMAME

40 g Edamame | 2 rote Peperoni | 50 ml rote Tomatensauce (siehe S. 101) **| Salz | Pfeffer**

Peperoni und Sauce mixen. Mit Salz und Pfeffer abschmecken und die Sojabohnen damit marinieren.

Das restliche Knoblauchöl von diesem Rezept könnt ihr super als Salat-Dressing, als Pasta-sauce oder einfach nur zum Tunken für Baguette verwenden!

FÜR DEN BELAG

1 Teigling (300 bis 350 g) **| 160 g Fior di latte | 2 EL Olivenöl | ½ Avocado | 1 EL Sonnenblumenöl**
4 Garnelen (Black Tiger Prawns, ohne Kopf) **| 1 EL Knoblauchöl | 40 g Avocadocreme** (siehe S. 103)
5 g rote Peperoni | 40 g marinierte Edamame | 5 g Brunnenkresse | gemischte Sesamkörner

Pizza in der klassischen Vesuvform ausbreiten und den Teig mit Fior di Latte belegen. Das Olivenöl auf den Rand streichen und die Pizza im Ofen auf höchster Stufe goldbraun backen.

Bei 200 Grad mit Ober-/Unterhitze braucht es dafür etwa 8 Minuten, bei 250 Grad 4 bis 5 Minuten und mit Pizzastein und 350 Grad Hitze etwa 60 Sekunden.

Die Avocado vierteln und mit 1 EL Sonnenblumenöl in einer Pfanne anbraten. Die Garnelen mit Knoblauchöl für 2 Minuten pro Seite ebenfalls in einer Pfanne braten.

Die Pizza aus dem Ofen herausnehmen. Die Avocadocreme darauf streichen und mit gebratenen Avocados und gebratenen Garnelen belegen. Die Peperoni in dünne Scheiben schneiden und mit marinierten Edamame, Kresse und ein bisschen Sesamkörnern auf der Pizza verteilen.

45 Minuten | vegetarisch | Für 1 Pizza

PIZZA **ZUCCA**

Kürbisse können mehr als nur Suppen und Gruselfratzen zu Halloween! In dieser Pizza kommt das Herbstgemüse gleich doppelt zur Geltung: Mit unserer aromatischen Kürbis-Creme als Basis und mit geschmortem Kürbis als Belag. Deshalb haben wir die Pizza auch einfach Zucca genannt – das italienische Wort für Kürbis. Aufgepeppt haben wir sie mit süßem Stracciatella-Käse und würzig-cremigem Gorgonzola. Fast schon eine Liebeserklärung an den Herbst!

GESCHMORTER KÜRBIS (REZEPT-VARIANTE 1)

100 g Hokkaido oder Butternut-Kürbis | 1 TL Butter | 100 ml Milch | 100 ml Sahne

Den Butternut schälen, der Hokkaido muss nicht geschält werden. Kürbis klein schneiden und mit Butter in einer Pfanne schmoren, bis er glasig wird. Milch und Sahne mischen und Kürbis damit ablöschen. Den Kürbis dann ohne Deckel leicht köcheln lassen, bis er weich ist.

GESCHMORTER KÜRBIS (REZEPT-VARIANTE 2)

100 g Hokkaido oder Butternut-Kürbis | 2 EL Olivenöl | 1 TL Butter | Salz | Pfeffer

Den Butternut schälen, der Hokkaido muss nicht geschält werden. Den kleingeschnittenen Kürbis auf einem Backblech mit Olivenöl und Butter bestreichen. Etwas Salz und Pfeffer darüber streuen und in den Ofen geben. 15 bis 20 Minuten schmoren lassen, bis der Kürbis weich genug ist.

Stracciatella di bufala ist ein Käse aus Wasserbüffel-Milch, den man bei Feinkosthändlern wie Sapros bekommt. Er ähnelt Mozzarella, ist aber weicher und weist gesponnene, übereinander liegende Schichten auf, die Fäden ziehen

FÜR DEN BELAG

1 Teigling (300 bis 350 g) | **80 g Kürbiscreme** (siehe S.103) | **160 g Fior di Latte**
2 EL Olivenöl | 20 g Gorgonzola, cremig | 100 g geschmorter Kürbis (siehe oben)
125 g Stracciatella di Bufala | 4 Basilikumblätter | bunter Pfeffer

Den Pizzateig in der klassischen Vesuvform ausbreiten, dabei den Rand etwas dicker ausformen als die Mitte, damit er beim Backen schön hochkommen kann. Zuerst die Kürbiscreme auf die Pizza streichen, dann Fior di Latte darauf verteilen. 2 EL Olivenöl auf den Rand der Pizza tröpfeln und die Pizza im Ofen goldbraun backen. Bei 200 Grad mit Ober-/Unterhitze braucht es dafür etwa 8 Minuten, bei 250 Grad 4 bis 5 Minuten und mit Pizzastein und 350 Grad Hitze etwa 60 Sekunden.

Pizza aus dem Ofen nehmen. Den Gorgonzola gezupft auf der noch heißen Pizza verteilen. Den geschmorten Kürbis ebenfalls auf die Pizza geben. Stracciatella-Käse darüber verteilen. Zum Schluss Basilikumblätter und ein bisschen Pfeffer auf die Pizza streuen.

40 Minuten | vegetarisch | Für 1 Pizza

PIZZA LA **NOCE VITA**

Das süße Leben lieben wir alle, aber diese Kombi aus karamellisierter Walnuss, kleinen Birnenkügelchen, Rucola und Gorgonzola ist mehr als nur eine Alternative. Dieses Rezept ist, wie die Pizza Baden-Baden und die Schwarzwald Margherita, für das Magazin Heimat entstanden, der absoluten Lieblingslektüre für Genussmenschen aus unserer Gegend

Dass die Kombi aus würzigem Gorgonzola mit süßen Nüssen und Birnen auch auf Pasta eine gute Figur macht, könnt ihr euch sicher denken. Als Alternative zu den Birnen bieten sich aber auch Feigen an – entweder frisch und geviertelt oder mit etwas Portwein dick eingekocht

FÜR DEN BELAG

1 Teigling (300 bis 350 g) **| 120 g Walnüsse | 30 g Zucker | 3 Birnen | 100 ml Birnen- oder Apfelsaft**
100 ml Crème-Fraîche '87 (siehe S. 107) **| 50 ml Kochsahne | 200 g Fior di Latte**
40 g Parmesan, gerieben | 60 g Gorgonzola | 30 g Rucola

Diese Pizza würde Johann Lafer lieben – denn hier darf man mal ein bisschen was vorbereiten. Zunächst in einer beschichteten Pfanne die Walnüsse mit dem Zucker leicht anrösten und karamellisieren lassen. Dann aus den Birnen mit einem Kugelschneider kleine Kugeln ausstechen und in etwas Saft einmal aufkochen lassen.

Crème-Fraîche '87 und Kochsahne verrühren. Die Pizza erst mit dem gewürfelten Mozzarella, dann mit etwas Parmesan und der Hälfte vom Gorgonzola belegen. Den Rand mit der Hälfte der Crème-Fraîche-Mischung einpinseln und die Pizza weiß (also ohne Tomaten) backen. Bei 200 Grad mit Ober-/Unterhitze braucht es dafür etwa 8 Minuten, bei 250 Grad 4 bis 5 Minuten und mit Pizzastein und 350 Grad Hitze etwa 60 Sekunden.

Nach dem Backen kommen die karamellisierten Walnüsse, die Birnenkügelchen, der restliche Gorgonzola und der Rucola auf die dampfend heiße Pizza. Einfach verteilen und dann mit einer Spritzflasche noch ein bisschen was von der Crème-Fraîche-Mischung spendieren …

„AUF DEM WEG ZUR PERFEKTEN PIZZA IST FLUFFIGER TEIG SCHON DIE HALBE MIETE!“

La farina dei professionisti
CAPUTO
1924
Il mulino di Napoli
Doppio Zero
Classica per tutti gli usi
FARINA DI GRANO TENERO TIPO "00"
Solo dal Grano
1 kg

UNSER ORIGINAL NEAPOLITANISCHER **PIZZATEIG**

Teig braucht Zeit. Mindestens einen Tag sollte neapolitanischer Teig Zeit haben, um sein volles Potenzial und die perfekte Konsistenz zu entwickeln. Sicher gibt es schnellere Rezepte – aber keine besseren. Wichtig ist, dass ihr die Temperaturen im Blick behaltet und euch genauestens an die einzelnen Schritte haltet

DIE ZUTATEN FÜR 8 PORTIONEN | ZUBEREITUNG MIT EINER GROSSEN KÜCHENMASCHINE

1,25 kg Caputo Pizzeria (das rote) | **250 g Caputo Doppio Zero** (das blaue) | **850 ml Wasser**
45 g Salz | **125 g Eiswürfel** | **6 g Hefe, frisch** | **100 g Semola für die Arbeitsfläche** | **15 ml Olivenöl**

200 ml Wasser beiseite stellen und mit Salz vermengen. Verbleibende 650 ml Wasser mit den Eiswürfeln in die Rührschüssel einer großen Küchenmaschine geben. Hefe zerpflücken und hinzufügen. Mit der Hand oder einem Schneebesen nachhelfen, sodass sich die Hefe auflöst. Jetzt die Schüssel in die Maschine stellen und auf unterster Rührstufe für 3 Minuten laufen lassen, damit der Kessel gut runtergekühlt ist.

Beide Mehlsorten hinzufügen und 5 bis 10 Minuten auf unterster Stufe rühren lassen, bis eine homogene Masse entsteht. Nun die Küchenmaschine auf die zweite Rührstufe stellen, schrittweise das Salzwasser beigeben und weitere fünf Minuten rühren. Das Salzwasser sollte auf keinen Fall früher dazugegeben werden, da es sonst die Aktivität der Hefe beeinträchtigt. Mit dem Thermometer die Teigtemperatur messen. Diese darf 23 Grad nicht überschreiten, da sonst die Hefe nicht mehr optimal arbeitet. Der Teig ist fertig gerührt, sobald keine Teigreste mehr am Schüsselrand kleben. Im besten Fall ähnelt die Form des Teigs einem Kürbis.

Utensilien:
- *Rührmaschine mit Bischofsmützen-Knethaken*
- *Schneebesen*
- *Messbecher*
- *digitales Teigthermometer*
- *digitale Waage*
- *Teigschaber*
- *Frischhaltefolie*
- *Auflaufform*
- *Pizzaschieber*
- *Backpapier oder Pizzastein*

Die Arbeitsfläche mit Semola bestreuen. Einen Schuss Olivenöl über den Pizzateig geben, mit dem restlichen Öl die Hände einreiben. Teig aus der Schüssel heben, mithilfe eines Teigspachtels 8 Kugeln formen. Diese mit Abstand zueinander in eine große Auflaufform legen und mit Frischhaltefolie oder einem ausgewrungenen Handtuch einigermaßen luftdicht abdecken. Alternativ eine verschließbare Box nehmen.

Den Pizzateig vorerst 2 Stunden in einem kühlen Raum bei maximal 20 Grad gehen lassen, um ihn anschließend für mindestens 6 bis 8, aber maximal 21 Stunden in den Kühlschrank zu stellen.
Danach kann der Teig sofort verarbeitet werden.

Im Anschluss eine Teigportion nach der anderen verarbeiten. Die Arbeitsfläche mit Semola bestreuen. Die erste Teigkugel mit den Händen umfassen und mit beiden Daumen eine Vertiefung in die Kugelmitte drücken. Um die Vertiefung auszuweiten, beide Hände übereinander legen, sodass die Finger in den Zwischenräumen der anderen Hand liegen. Die Vertiefung in der Teigmitte behutsam ausweiten. Den Teig wenden. Nun die Vertiefung von der anderen Seite weiter ausdehnen. Diesen Vorgang noch ein- bis zweimal wiederholen, bis die Pizza ihre Form hat.

JORDI

SCHRITT FÜR SCHRITT **ZUM PIZZATEIG**

Schritt für Schritt: So gelingt der perfekte Pizzateig! 200 ml Wasser beiseitestellen und mit 45 g Salz vermengen. 650 ml Wasser sowie die Eiswürfel in die Rührschüssel einer großen Küchenmaschine geben.

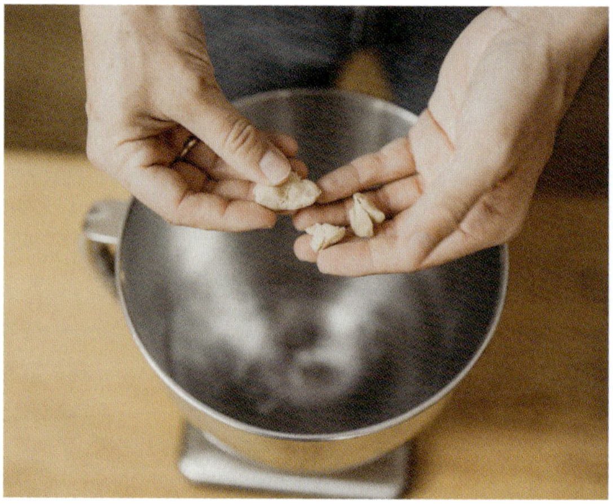

Hefe zerpflücken und hinzugeben. Mit der Hand oder mit einem Schneebesen nachhelfen, bis sich die Hefe im Wasser auflöst. Dann die Küchenmaschine auf unterster Stufe 3 Minuten laufen lassen, damit der Kessel gut runterkühlt.

Hinweise:
Wir verwenden Eiswürfel, damit die Hefe im Wasser nicht sofort aktiviert wird

Der Teig ist nach 6 bis 8 Stunden im Kühlschrank verarbeitbar. Später im Ofen geht er jedoch besser auf, wenn er 21 Stunden kalt gestanden hat

Die Arbeitsfläche mit Semola bestreuen. Einen Schuss Olivenöl über den Pizzateig geben, mit dem restlichen Öl die Hände einreiben. Den Teig aus der Schüssel heben und auf die Arbeitsfläche setzen.

Mithilfe eines Teigspachtels Kugeln von etwa 300 Gramm formen. Diese mit Abstand in eine Auflaufform legen und mit Frischhaltefolie luftdicht abdecken. Den Teig 2 Stunden in einem Raum bei maximal 20 Grad gehen lassen.

Beide Mehlsorten dazugeben und auf unterster Stufe 5 bis 10 Minuten rühren lassen. Schrittweise das Salzwasser beigeben und weitere 5 Minuten rühren lassen. Das Salzwasser nicht früher dazugegeben, da es sonst die Aktivität der Hefe beeinträchtigt.

Mit dem Thermometer die Teigtemperatur messen. Diese darf 23 Grad nicht überschreiten, da sonst die Hefe nicht mehr optimal arbeitet. Der Teig ist fertig gerührt, sobald keine Teigreste mehr am Schüsselrand kleben.

Jetzt kommt der Teig für mindestens 6 bis 8, aber maximal 21 Stunden in den Kühlschrank. Den Teig eine Stunde vor seiner Weiterverarbeitung aus dem Kühlschrank holen, damit er schön auf Touren kommt.

Die Arbeitsfläche mit Semola bestreuen. Mit den Daumen eine Vertiefung in die Mitte der Kugel drücken. Die Vertiefung in der Teigmitte behutsam ausweiten. Den Teig wenden. Diesen Vorgang noch ein- bis zweimal wiederholen, bis die Pizza ihre Form hat.

EXPRESS-PIZZATEIG

Hinweise:
Um Krustenbildung auf dem Teig während des Gärungsprozesses zu vermeiden, ist es wichtig, den Teig möglichst luftdicht abzudecken

DIE ZUTATEN FÜR 4 PORTIONEN | ZUBEREITUNG MIT DER HAND
900 g Weizenmehl Typ 405 | 16 g Trockenhefe | 40 g Salz
500 ml Wasser, lauwarm | 90 ml Olivenöl | 100 g Semola für die Arbeitsfläche

Die Hefe im Wasser auflösen. Mehl und Salz miteinander mischen. Flüssigkeit hinzugeben. Olivenöl hinzufügen, damit der Teig geschmeidiger wird. 4 Teiglinge formen, diese in eine Auflaufform legen und mit Frischhaltefolie abdecken. Eine Stunde bei Zimmertemperatur gehen lassen.

MIT MAIS UND REIS: **DER PINSA-TEIG**

DIE ZUTATEN FÜR 4 PORTIONEN | ZUBEREITUNG MIT DER HAND
75 g Reismehl | 100 g Maismehl | 250 g Weizenmehl | 50 g Sojamehl | 2 g Hefe, frisch
300 ml Wasser, kalt | 5 g Salz | 75 ml Olivenöl | 100 g Semola für die Arbeitsfläche

Die Pinsa ist wegen ihrer langen Gärzeit viel bekömmlicher. Je länger ein Pizzateig geht, desto weniger Glutenstrukturen enthält er und desto leichter ist er verdaulich

Reis- und Maismehl mischen. In einer separaten Schüssel Weizen- und Sojamehl vermengen. Die Hefe im Wasser auflösen und Salz dazugeben. Dann Weizen- und Sojamehl mit der Flüssigkeit vermengen. Reis- und Maismehl langsam unterrühren. Den Teig solange kneten, bis eine homogene Masse entsteht. Das Olivenöl hinzufügen, um den Teig geschmeidiger zu machen. Teiglinge formen, in eine Auflaufform legen, mit Frischhaltefolie abdecken und für 48 bis 72 Stunden im Kühlschrank gehen lassen.
Beim Formen der Pinsen den runden Pinsa-Teig vor dem Backen etwas in die Länge ziehen, sodass eine ovale Form entsteht.

JORDI

VOLLKORN-**PIZZATEIG**

DIE ZUTATEN FÜR 4 PORTIONEN | ZUBEREITUNG MIT DER HAND
400 g Vollkornmehl | 30 g Hefe, frisch | 200 ml Wasser, lauwarm
1 Ei | 10 g Salz | 45 ml Olivenöl | 100 g Semola für die Arbeitsfläche

Die Hefe im Wasser auflösen. Das Ei separat in einer Schüssel quirlen und unter die Flüssigkeit geben, sobald diese etwas abgekühlt ist. Vollkornmehl und Salz hinzufügen. Den Teig solange kneten, bis eine homogene Masse entsteht. Dann das Olivenöl darunter mischen. Den Teig portionieren und in eine Auflaufform legen, mit Frischhaltefolie abdecken und 2 Stunden im Kühlschrank gehen lassen.

PIZZA**BRÖTCHEN**

DIE ZUTATEN UND TEIGREZEPT: SIEHE NEAPOLITANISCHER PIZZATEIG (SIEHE S. 88)
Für Pizzabrötchen mit Belag: Tomatensauce (siehe S. 101) **| Mozzarella | Basilikum**

Den Teig in 50 g Portionen formen und die Teigkugeln etwas in die Länge ziehen, sodass ein ovales Brötchen entsteht.

Für Pizzabrötchen mit Belag: Eine kleine Kuhle in die Brötchenmitte drücken, Tomatensoße und ein kleines Stück Mozzarella hineingeben. Ofen auf maximale Temperatur stellen und die Brötchen goldbraun backen. Mit einem Blatt Basilikum garnieren.

GLUTENFREIER **PIZZATEIG**

DIE ZUTATEN FÜR 4 PORTIONEN | ZUBEREITUNG MIT DER HAND
16 g Hefe, frisch | 190 ml Wasser, lauwarm | 2 Spritzer Zitronensaft
240 g Reismehl | 260 g Kartoffelmehl | 10 g Salz | 2 Prisen Zucker | 60 ml Olivenöl

Die Hefe im Wasser auflösen. Den Zitronensaft hinzufügen. Mehlsorten, Salz und Zucker miteinander vermengen und die vorbereitete Flüssigkeit dazugeben. Alles miteinander verrühren. Olivenöl hinzufügen, damit der Teig geschmeidiger wird. Den Teig in 4 Portionen aufteilen und in einer mit Frischhaltefolie abgedeckten Auflaufform 2 Stunden bei Zimmertemperatur gehen lassen.

Hinweis:
Der glutenfreie Teig ist durch das Kartoffel- und Reismehl sehr deftig. Deshalb eignet sich ein leichter Pizza-Belag, wie der von der Pizza Veggie Rossa (siehe S. 124)

NEAPOLITANISCHES **FOCACCIA**

DIE ZUTATEN FÜR 4 PORTIONEN | ZUBEREITUNG MIT DER HAND

400 g Weizenmehl Typ 00 | 15 g Hefe, frisch | 250 ml Wasser, lauwarm | 70 ml Olivenöl
10 g Salz | 500 g Frischkäse | 150 g Kalamata- oder Taggiasca-Oliven, gehackt
70 g getrocknete, rote Tomaten, gehackt | 30 g Majoran oder Oregano
Pfeffer | 100 g Semola für die Arbeitsfläche

Die Hefe im Wasser auflösen, 40 ml Olivenöl hinzugeben. Mehl und Salz in einer separaten Schüssel mischen und löffelweise zur Flüssigkeit hinzugeben. Die Masse 10 Minuten gut durchkneten, bis ein homogener Teig entsteht. Den Teig in 2 Portionen aufteilen und in einer Auflaufform mit Frischhaltefolie abdecken. 2 Stunden bei Zimmertemperatur gehen lassen.

Arbeitsfläche mit 50 g Semola bestreuen und die erste Teigportion mit einem Nudelholz etwa einen Zentimeter dick ausrollen, mit 250 g Frischkäses bestreichen. Dann 75 g Oliven, 35 g getrocknete Tomaten sowie die Hälfte der Gewürze auf dem Frischkäse verteilen. Dann den Teig in der Mitte falten, sodass eine Tasche entsteht. Seiten der Tasche mit einer Gabel aufeinander drücken und von beiden Seiten mit 15 ml Olivenöl einreiben. Den Vorgang mit der zweiten Teigportion wiederholen.

Den Ofen auf maximale Temperatur stellen und den Teig backen, bis er goldbraun und etwa 5 Zentimeter dick ist. Wenn man mit einer Küchennadel in den Teig einsticht, sollte nichts mehr haften bleiben.

Hinweis:
In Italien wird Focaccia zum Aperitif mit einer Wurst- und Käseplatte gereicht

Übrigens: Durch den Frischkäse im Inneren der Teigtasche entsteht beim Backen ein Hohlraum.

Variante: Teig zubereiten und gehen lassen. Teig im Ganzen bearbeiten. Frischkäse, Oliven, Tomaten und Gewürze in den Teig einkneten. Dann beliebig große Teigportionen formen. Diese einen Zentimeter dick ausrollen und mit Olivenöl von beiden Seiten bestreichen.

„JETZT GEHT'S ANS EINGEMACHTE – IN BUNT, LECKER, WILD UND WUNDERBAR!“

SOLO POMODORO
MUTTI
PARMA
Pelati
gastronomia

ROTE **TOMATENSAUCE**

DIE ZUTATEN FÜR 4 PIZZEN

500 g rote Schältomaten aus der Dose (Pelati) **| 5 Basilikumblätter | 40 ml Olivenöl | Salz**

Im Mamma Lina nehmen wir für die Tomatensauce Schältomaten und keine passierten Tomaten. Der Grund ist einfach: Die Qualität ist besser. Denn in passierten Tomaten kann man auch nicht so astreine oder perfekt reife Früchte untermischen. Die Zubereitung der Sauce ist extrem simpel:
Basilikum klein hacken, die Tomaten grob zerstoßen oder mit einem Handmixer kurz kleinmachen.
Öl und Salz dazu, alles gut vermengen, abschmecken – und fertig!

GELBE **TOMATENSAUCE**

DIE ZUTATEN FÜR 4 PIZZEN

500 g gelbe Schältomaten aus der Dose (Pelati) **| 5 Basilikumblätter | 40 ml Olivenöl | Salz**

Das Gleiche in Gelb: Basilikum klein hacken, die Tomaten grob zerstoßen oder mit einem Handmixer kurz kleinmachen. Öl und Salz dazu, alles gut vermengen, abschmecken – fertig.
Der Unterschied zwischen den Saucen ist jedoch der Geschmack: Gelbe Tomaten sind im Gegensatz zu ihren roten Verwandten sehr viel fruchtiger und süßer.

GRÜNES **BASILIKUM-PESTO**

DIE ZUTATEN FÜR 4 PIZZEN

250 g frisches Basilikum | 70 g Parmesan | 50 g Pinienkerne oder Walnüsse
200 ml Olivenöl | Salz | Pfeffer

Den Basilikum waschen, trocken tupfen und die Blätter von den (oft ein bisschen bitteren) Stängeln zupfen. Den Parmesan so fein wie möglich reiben. Die Pinienkerne ohne Öl in einer Pfanne kurz goldbraun anrösten. Jetzt die Zutaten im Thermomix oder in einem hohen Gefäß mit einem Pürierstab fein pürieren, eventuell noch mit Salz und Pfeffer abschmecken.

PARMESAN- & **PECORINOCREME**

DIE ZUTATEN FÜR 4 PIZZEN
250 g Parmesan, bzw. Pecorino | 100 ml Kochsahne
30 ml Olivenöl | 100 g Mascarpone | 2 g Muskatnuss | Salz | Pfeffer

Den Parmesan oder den Pecorino so fein wie möglich reiben. Kochsahne, Öl und den Mascarpone dazugeben, die Muskatnuss darüber reiben. Im Mixer oder in einem hohen Gefäß mit einem Pürierstab fein pürieren, dann mit Salz und Pfeffer abschmecken.

MILDER **TOMATENSUGO**

FÜR EINE PORTION (ZUM BEISPIEL FÜR DIE PIZZEN MIT OKTOPUS-ARMEN ODER HACKFLEISCHBÄLLCHEN)
150 ml rote Tomatensauce (siehe S. 101) **| 1 Zwiebel | 8 Kirschtomaten**

Die Zwiebel in der Pfanne dünsten, dann mit der Tomatensauce ablöschen. Die Kirschtomaten vierteln und hinzufügen, 5 Minuten köcheln lassen.

Die bunten Pizzasaucen und -cremes setzen nicht nur farbliche Akzente, sondern sorgen auch geschmacklich für Abwechslung

FRUCHTIGE **AVOCADOCREME**

DIE ZUTATEN FÜR 4 PIZZEN

2 Avocados | 4 EL Frischkäse
1 Bio-Zitrone (Saft und Abrieb)
Tabasco | 20 Blätter Koriander
Piment d'espelette, nach Bedarf | Salz | Pfeffer

Die Avocado halbieren, den Kern herausholen, das Fleisch aus der Schale lösen und in eine Rührschüssel geben. Frischkäse, die Zitrone und ihren Abrieb sowie einen kleinen Schuss Tabasco, den Koriander und das Piment d'espelette hinzufügen. In einem Mixer pürieren und mit Salz und Pfeffer abschmecken.

HERBSTLICHE **KÜRBISCREME**

DIE ZUTATEN FÜR 4 PIZZEN

450 g Butternut- oder Hokkaido-Kürbis | | 4 EL Olivenöl | 3 Zweige Thymian
3 Zweige Rosmarin | Salz | Pfeffer | 100 g Butter | 100 ml Brühe | 100 ml Kochsahne

Den Kürbis in kleine Stücke schneiden und auf ein Blech geben. Öl, Thymian, Rosmarin, Salz und Pfeffer über den Kürbis geben und bei 180 Grad Ober-/Unterhitze für 15 Minuten in den Ofen schieben. Den Kürbis aus dem Ofen holen und im Mixer pürieren. Butter in einem Topf erwärmen, alles zusammen mit der Brühe und der Kochsahne mischen, bis eine Creme entsteht.

AUBERGINEN**CREME**

DIE ZUTATEN FÜR 4 PIZZEN

2 Auberginen (600 bis 800 g) | **4 EL Olivenöl** | **2 Zweige Thymian** | **2 Zweige Rosmarin**
Salz | **Pfeffer** | **1 Knoblauchzehe** | **200 ml Kochsahne** | **60 g Parmesan, gerieben**

Den Ofen auf 180 Grad Ober-/Unterhitze vorheizen. Die Aubergine halbieren und das Auberginenfleisch in Rautenform einritzen. Die Auberginenhälften auf das Ofenblech legen, mit Olivenöl bestreichen, Gewürze dazugeben, salzen und pfeffern. Knoblauch pressen und gleichmäßig auf den Auberginen verteilen.
Die Auberginen mit Alufolie oder Backpapier abdecken und etwa eine halbe Stunde in den Ofen stellen, bis die Aubergine weich ist. Die Kochsahne in einem Topf erwärmen, den Parmesan hinzugeben und kurz köcheln lassen. Dann das Auberginenfleisch von der Schale lösen und zusammen mit Kochsahne im Mixer pürieren.

ZUCCHINI**CREME**

DIE ZUTATEN FÜR 4 PIZZEN

2 Zucchini (etwa 500 g) | **6 EL Olivenöl** | **2 Knoblauchzehen** | **Salz** | **Pfeffer**
2 Zweige Rosmarin | **150 ml Kochsahne** | **50 ml Brühe** | **40 g Parmesan, gerieben**

Den Ofen auf 180 Grad Ober-/Unterhitze vorheizen. Die Zucchini halbieren und das Zucchinifleisch leicht einritzen. Die Zucchinihälften auf ein Blech legen und mit Öl bestreichen. Gepressten Knoblauch, Salz, Pfeffer und Rosmarin darüber geben. Blech in den Ofen schieben und die Zucchini etwa 20 Minuten lang schmoren lassen. Die Kochsahne in einem Topf erwärmen, die Brühe und den Parmesan hinzugeben und kurz köcheln lassen. Die Zucchini aus dem Ofen holen, in den Mixer geben und mit der Flüssigkeit auffüllen, kräftig pürieren.

URKARTOFFEL**CREME**

DIE ZUTATEN FÜR 4 PIZZEN

1300 g Urkartoffeln | **50 g Butter** | **3 Zweige Thymian**
1 Msp. Knoblauch, gehackt | **1 Zweig Rosmarin** | **Salz** | **Pfeffer**

Kartoffeln schälen. Zwei Liter Wasser zum Kochen bringen. Butter, Thymian, Knoblauch, Rosmarin, Salz und Pfeffer ins Wasser geben. Kartoffeln in diesem Gewürzwasser weichkochen. Die Kartoffeln dann mit 200 ml vom Kochwasser (ohne Kräuter) in den Mixer geben. Das Ganze mixen, bis eine schöne, geschmeidige Creme entsteht. Wenn sie zu fest wird, mit Kochwasser verdünnen.

MAYONNAISE **'87**

DIE ZUTATEN FÜR 6 BIS 8 PIZZEN

2 Eigelb | Salz | Pfeffer | 0,5 TL Senf (Dijon) **| 10 ml Reisessig**
250 ml Sonnenblumenöl | 20 ml Olivenöl | 1 TL Zitronensaft | 1 EL Weißwein-Essig

Das Eigelb in eine Schüssel geben. Salz, Pfeffer und Senf hinzufügen. Zusammen mit dem Reisessig in einer Achterbewegung aufschlagen. Hierfür entweder ein Rührgerät oder einen Schneebesen verwenden. Durch die Achter-Bewegung wird Luft unter die Masse gehoben, es entsteht Volumen. Dann das Sonnenblumen- und Olivenöl peu à peu darunter geben. Am Schluss Zitronensaft und Weißwein-Essig beigeben.

KAPERN-**MAYO**

DIE ZUTATEN FÜR 6 BIS 8 PIZZEN

Grundrezept Mayonnaise '87 (siehe oben) **| 100 g Kapern, abgetupft | 50 ml Gewürzgurkenwasser**
1 TL Zitronensaft | 1 TL Tabasco | 50 g Parmesan, gerieben | Salz | Pfeffer

50 g Kapern mit Gurkenwasser, Zitronensaft, Tabasco und Parmesan im Mixer vermengen. Unter das Grundrezept der Mayonnaise '87 geben. Die restlichen Kapern für einen Crunch-Effekt frittieren und in die Mayo geben. Mit Salz und Pfeffer abschmecken.

PFIRSICH-**MAYO**

DIE ZUTATEN FÜR 6 BIS 8 PIZZEN

Grundrezept Mayonnaise '87 (siehe oben) **| 1 Pfirsich | 120 g Ketchup**
30 g Meerrettichpaste | 15 g Senf (Dijon) **| 20 g Zucker | 30 ml Gurkenwasser**

Den Pfirsich schälen und das Fruchtfleisch vom Stein lösen. Den Pfirsich in wenig Wasser weichkochen und mixen. Das Fruchtmark abkühlen lassen. Ketchup, Meerrettichpaste, Senf, Zucker und Gurkenwasser mit der Mayo mischen. Dann das Pfirsichmark dazugeben.

SAFRAN-**AIOLI**

DIE ZUTATEN FÜR 6 BIS 8 PIZZEN

Grundrezept Mayonnaise '87 (siehe oben) **| 50 ml Wasser | 2 g Safran**
4 bis 6 Knoblauchzehen, gerieben | 1 TL Saft einer Bio-Zitrone | Abrieb der Bio-Zitrone | Salz | Pfeffer

Das Wasser erhitzen und den Safran darin auflösen. Das Wasser kalt werden lassen, den Knoblauch reiben und dazugeben. Zitronensaft und den Abrieb der Zitrone hinzugeben. Das Ganze unter das Grundrezept der Mayonnaise '87 rühren und mit Salz und Pfeffer abschmecken.

CRÈME-FRAÎCHE **'87**

DIE ZUTATEN FÜR 4 PIZZEN

300 g Crème-Fraîche | 100 ml Kochsahne | 1 Bio-Zitrone (Saft und Abrieb) **| Salz | Pfeffer**

Die Crème-Fraîche mit Kochsahne, Zitronensaft und dem Schalenabrieb im Mixer mischen und mit Salz und Pfeffer abschmecken.

PISTAZIEN**CREME**

DIE ZUTATEN FÜR 4 PIZZEN

200 g Pistazienpaste | 150 ml Kochsahne | 50 ml Milch | 50 g Pistaziengranulat | Salz | Pfeffer

Pistazienpaste mit Kochsahne, Milch und Pistaziengranulat im Mixer vermengen. Mit Salz und Pfeffer abschmecken.

VON NEAPOLITANISCHEM MEHL UND PERFEKTEM PIZZAKÄSE

DIE WICHTIGSTEN **ZUTATEN FÜR GUTE PIZZA**

Pizza war früher ein Arme-Leute-Essen. Völlig richtig. Und theoretisch kann man daher auch mit so ziemlich jedem Mehl eine gute Pizza hinbekommen – aber es ist viel schwieriger, als wenn man gleich zum richtigen Stoff greift. Höchste Zeit also für ein bisschen Warenkunde

Die Weichweizenmehle von Antimo Caputo (rechts) sind erste Wahl bei Neapels Pizzabäckern – und das nicht aus Lokal-Patriotismus. Bei uns bekommt man die speziellen Mehle für Pizza (und Pasta) online bei Gustini oder im Fachgeschäft. Kosten: 1,50 bis 2 Euro je Kilo

Für eine richtige Pizza braucht man natürlich die richtigen Zutaten. Und da Mehl nicht gleich Mehl ist, haben wir die wichtigsten Infos rund um die Hauptzutaten für eure Pizzen zusammengestellt. Los geht's – wie sollte es anders sein – auch gleich mit dem Wichtigsten: dem perfekten Mehl!

Pizza-Mehl: Der gute Stoff ist von Caputo
Wer sich für Pizza interessiert, wird früher oder später über Caputo-Mehl stolpern und es entweder im Fachhandel oder online kaufen. Und eins vorweg: Das lohnt sich! Bei Caputo handelt es sich nicht um eine spezielle Sorte, sondern um die Mehlsorten eines bestimmten Herstellers: von Antimo Caputo aus Neapel und das schon seit 1924. Egal ob Caputo Classica, Caputo Pizzeria, Caputa Nuvola oder Caputa Cuoco – es handelt sich bei Caputo immer um Typo-00-Mehle. Unterschiedlich sind der Eiweißanteil und die Backstärke, der sogenannte W-Wert. Hier geht es darum, wie viel Wasser der Teig binden kann und wie elastisch der Teig wird. Durch einen höheren Glutenanteil wird der Teig mit Caputo-Mehl auch schön elastisch, das ist wichtig, wenn ihr ihn ziehen und falten möchtet.
Und welches Mehl ist jetzt das beste? Das kommt drauf an! **Caputo Pizzeria** hat mit einem W-Wert von 260 bis 270 und 62 Prozent Hydration eine eingebaute Geling-Garantie. Der hohe W-Wert macht sich beim Kneten sofort bemerkbar, weil der Teig superweich wird und viel Wasser abbinden kann. Unkompliziert und easy zu bekommen in Deutschland – und daher zusammen mit dem blauen Allround-Mehl **Caputo Doppio Zero** auch unsere erste Wahl beim Grundteig (siehe S. 88).

Mit Caputo Nuvola (W: 250 – 290) wird euer Teig sehr luftig und schön fluffig – aber er platzt auch schnell mal auf und dann gibt's verbrannte Stellen. Für fortgeschrittene Pizzabäcker ist dieses Mehl eine gute Wahl. Wenn man viel Zeit für den Teig einplant und mit der Hefe ziemlich pingelig ist, wird man mit toller Pizza belohnt.

Caputo Cuoco (das rote Pizzamehl) führt mit einem W-Wert von 300 bis 320 zu extrem fluffi-

Doppio
CAPUTO
1924
Il mulino di Napoli
La farina dei professionisti
PROFESSIONALS FLOUR
22/04/2023
L. 112

gen Teigen. Wenn ihr also sehr weiche Teige mit hoher Hydration machen möchtet, greift zum Caputo Cuoco. Der Pizzateig muss dann aber mindestens eine Nacht ruhen, verträgt aber locker auch mehr Zeit. Dass es von Caputo noch mehr Mehlsorten gibt: klar. Aber für 99,9 Prozent aller Pizzen sind die vier vorgestellten Sorten optimal.

Semola – der so genannte Pizza-Grieß

Häufig wird Semola einfach mit Grieß übersetzt. Das ist nicht komplett falsch – aber eben auch nicht ganz richtig. Denn in Italien wird Hartweizenmehl als Semola bezeichnet. Und davon gibt es drei Sorten, die sich im Mahlgrad unterscheiden: grobes Semola (grosso), feines Semola (Rimacinata) und den mittleren Mahlgrad, der ohne Zusatz auskommt. Dieses Hartweizenmehl ist sehr griffig, hat etwa 10 Prozent Gluten und ist perfekt für die Verarbeitung von Pizza-Teig, denn es verhindert, dass der Teig auf der Arbeitsfläche oder eurer Pizza-Schaufel festklebt.

Hefe

Wenn nicht anders angegeben, verwenden wir im Mamma Lina ganz normale, frische Bio-Hefe. Achte darauf, die Hefe ist genau abzuwiegen, denn das Zeug hat es in sich …

Kommen wir zum Käse. Auch hierzu kann man ganze Bücher schreiben – oder es kurz und knackig halten. Wir tendieren zu Letzterem …

Früher wurde Burrata in die grünen Blätter des Affodill-Buschs gewickelt. Die Blätter zeigten an, ob die Burrata noch genießbar war. Später rückte wegen neuer Hygienebestimmungen grünes Plastik an die Stelle der Blätter …

Fior di Latte

Fior di Latte ist als Käse erste Wahl bei Neapels Pizzabäckern und eng verwandt mit dem Mozzarella. Der Unterschied liegt im Herstellungsverfahren. Für Fior di Latte (übersetzt: die Blüte der Milch) wird Käsebruch kurz mit heißem Wasser erhitzt. Mehr dazu: auf Seite 64

Burrata

Eine Burrata ist ein italienischer Frischkäse und im Grunde eine Sonderform des Mozzarella mit flüssigem Kern. Der Name bezieht sich auf Geschmack und Konsistenz: burrata bedeutet so viel wie gebuttert. Sie wird meist aus Kuhmilch hergestellt und rund um Napoli nicht gekühlt, sondern ganz frisch aus der Salzlake heraus verkauft und gegessen. Tagfrisch in Italien schmeckt man die frische Sahne und eine süße Note. Exportware fürs Ausland wird durch leichte Konservierung bis zu 20 Tage haltbar gemacht. Deswegen gibt es leichte Geschmacksunterschiede. Sauer sollte der Kern jedoch nicht schmecken, sonst ist die Burrata bereits verdorben.

Mozzarella (di Bufala Campana)

… ist ein italienischer Filata-Käse aus Wasserbüffelmilch, der traditionell in Kampanien, inzwischen aber auch in anderen Regionen Süditaliens hergestellt wird. Der Begriff leitet sich von der Herstellungsart ab: Durch die mozzatura, das Abschneiden von Hand, werden von der Käsemasse Portionen abgetrennt. Mozzarella wird heute in den Provinzen Caserta und Salerno, in Neapel und den Provinzen Benevent, Frosinone, Latina, Isernia und Foggia produziert und in Italien nur im Notfall kühlschrankkalt gegessen – denn warm hat er viel mehr Aroma! Seinen Ursprung hat der Käse in Aversa, der ersten normannischen Grafschaft Italiens im 15. Jahrhundert.

Stracciatella di Bufala

… wird in Foggia aus der Milch vom Wasserbüffel hergestellt und ist ein weißer Käse, ähnlich dem Mozzarella, aber im Vergleich zu diesem mit mehr Flüssigkeit und noch weicher. Er wird häufig als Vorspeise serviert, manchmal mit Schinken. Die Besonderheit des Stracciatella sind seine gesponnenen, weißen, übereinander liegenden Schichten, die Fäden ziehen, sowie der süß-säuerliche Geschmack mit zartem Milchgeruch.

Parmesan

Echter Parmesan hat in Italien unter dem Namen Parmigiano eine lange Tradition. Historische Quellen belegen, dass er in den für die Parmesan-Herstellung zugelassenen Provinzen Parma, Reggio Emilia, Modena, Bologna seit mindestens 800 Jahren in nahezu unveränderter Form her-

gestellt wird. Parmesan bezeichnet einen zum Reiben als Würzkäse geeigneten italienischen Extrahartkäse aus Kuhmilch, der zwischen 12 und 72 Monaten reift. Wir bevorzugen den Parmigiano Vecchio, der zwei Jahre gereift ist. Wer ein bisschen aufs Geld gucken möchte, kann sich mit Grana Padano behelfen, der etwas milder im Geschmack ist, weil er nicht so lange reift.

Pecorino

... ist eigentlich eine Sammelbezeichnung für verschiedene Schafsmilchkäse – der Grund dafür ist ganz einfach: Pecora ist das italienische Wort für Schaf. Dass es heute auch Pecorinos gibt, die aus oder mit billigerer Kuh- und Ziegenmilch gemacht werden: Man kann es sich denken. Wir bevorzugen Pecorino Romano aus 100 Prozent Schafsmilch. Er schmeckt aromatisch und sehr würzig. Der Teig ist weiß oder pergamentfarben mit dichter, schwerer Struktur und dünner, elastischer, weißer oder brauner Rinde.

Schältomaten (Pomodori Pelati)

Hersteller von Schältomaten in großen oder kleinen Dosen gibt es rund um Neapel einige. Der Herstellungsprozess aber ist immer gleich: Sonnengereifte Tomaten ohne gelbe oder grüne Bestandteile der extra fleischigen Sorte San Marzano werden unmittelbar nach der Ernte geschält und mit einer cremigen Tomatensauce in Dosen abgefüllt. Diese Tomaten können bei hohen Temperaturen über einen langen Zeitraum gekocht werden und eignen sich perfekt für die Pizza, aber auch als Zutat für einige typisch italienische Saucen, wie Amatriciana oder Bolognese, bei denen die Tomate eindeutig erkennbar sein soll. Achtet darauf, dass eure Schältomaten wirklich aus Italien stammen und nicht nur in Italien verpackt wurden, aber aus China kommen.

Olivenöl

... gibt es in unzähligen Varianten. Wir verwenden Barbera Sicilia, ein hochwertiges, kaltgepresstes Olivenöl, mit dem man bei niedrigen Temperaturen (unter 160 Grad) auch gut braten kann. Zum Frittieren bei höherer Hitze eignen sich dagegen spezielle Brat- oder Frittieröle besser.

Salz

Beim Salz scheiden sich die Geister. Die einen schwören auf Fleur de Sel oder Meersalz, weil es eben reich an Mineralstoffen und Spurenelementen ist, andere lieben ihr Steinsalz, weil es darin eben kein Mikroplastik gibt. Wichtig für unsere Rezepte: Nehmt ein feinkörniges Salz oder arbeitet mit einer Salzmühle.

MIT STEINEN, STAHL UND SCHAUFELN

WIE MAN **PIZZA DAHEIM** PERFEKT HINBEKOMMT

Platz für einen großen Pizza-Ofen dürften die wenigsten von uns in der Küche oder auf dem Balkon haben. Wie man daheim trotzdem eine fluffige Pizza mit knusprigem Boden hinbekommt, erklären wir euch gern. Und vorweg: Es braucht gar nicht so viel...

Die meisten Haushaltsöfen bringen nicht, was auf dem Temperaturregler eingestellt wird, und auch die Thermometer auf den Hauben von Grills sind nicht sehr zuverlässig. Um zu erkennen, wie viel Power euer Ofen wirklich hat, messt einfach mal nach! Praktisch dafür sind kleine Infrarot-Thermometer, die es schon ab 15 Euro zu kaufen gibt

Kennt ihr das auch? Da macht man sich die Mühe mit dem Teig und der perfekten Sauce, nimmt richtig gute Zutaten, legt die Pizza auf ein Blech, schiebt's bei Umluft mit 180 Grad in den Ofen und am Ende ist das Ergebnis nur so semi? Na, kein Wunder! So kann es ja auch nicht funktionieren! Denn wenigstens einen Pizzastein und eine Schaufel braucht es, damit der Teig richtig aufgeht und ihr eure Pizza gefahrlos in den Ofen bekommt.

Die größte Rolle bei all dem spielt ein guter Pizzastein. Vergesst die dünnen Dinger aus China, die es immer mal wieder bei Aldi oder Tchibo gibt. Besser sind guter Stahl oder dicke Steine mit zwei bis drei Zentimetern Stärke, die zwar länger brauchen, um auf Temperatur zu kommen, dann aber auch das perfekte Ergebnis liefern.
Beim Material habt ihr die Wahl zwischen Schamotte (doppelt gebrannter Ton) und der feuerfesten Keramik Cordierit, die leichter zu reinigen ist und nicht so schnell bricht. Unserer Erfahrung nach sind die besten Pizzasteine aus Schamotte, weil das Material die Wärme lange speichert, gleichmäßig abgibt und durch die offenen Poren auch Feuchtigkeit gut aufnehmen kann, wodurch der Teig sowohl fluffig als auch knusprig wird.
Was man auch immer öfter sieht, sind Pizzasteine aus Speckstein, normaler Keramik oder auch aus Stahl. Auch hier geht es darum, Wärme zu speichern und dann schnell an die Pizza abgeben zu können – unter uns aber: Geht es etwas anders als mit einem dicken Stein aus Schamotte, aber funktioniert auch.
Welchen Stein auch immer ihr nehmt: Heizt ihn richtig auf und guckt mit einem Infrarot-Thermometer, wie heiß der Stein ist! **250 Grad mit Ober-Unterhitze dürfen es im Backofen gern sein**, wenn ihr einen Grill habt (mit Deckel natürlich, wichtig!), könnt ihr auch auf 300 oder 350 Grad gehen. Backpapier lasst ihr bitte weg, diesen Job übernimmt das Semola (siehe S. 110). Mit dem Grieß verhindert ihr auch, dass der Teig an eurer Pizzaschaufel klebt, mit der ihr die Pizza in den Ofen befördert, wenn nötig mal dreht, drunter guckt und am Ende auch wieder herausholt.

TORRENTE
Pelati
EPAL

AUF DER SUCHE NACH DEN BESTEN TOMATEN DER WELT

DAS **ROTE GOLD** VON NAPOLI

Pomo d'oro. Goldene Beere. Der italienische Name verrät schon, welche Rolle Tomaten für die Küche Italiens spielen. Die besten sollen rund um den Vesuv wachsen, in Nola sowie bei San Marzano, und haben einst die ganze Region erst satt und dann reich gemacht

Eine Küche ohne Tomaten? Kaum vorstellbar für einen Neapolitaner, dass man ohne die Farbe und den Duft der Pummarola auskommen könnte, wie die Früchte im hiesigen Dialekt heißen. Wenn man dann aber auf die Suche nach den ganz traditionellen Speisen des antiken Neapels geht, stößt man auf *la minestra maritata*, die keine Spur von Tomaten enthält. Warum? Weil die goldenen Beeren, die pomo d'oro, bis weit in die 1750er-Jahre hinein eben Zierpflanzen waren, vor deren Gift und Magie man sich sogar ein wenig gefürchtet hatte ...

Liebende schenkten sich in Süditalien Tomaten wie heute Blumen, denn den geheimnisvollen Früchten wurden anregende und luststeigernde Kräfte zugeschrieben. Alchimisten im 16. und 17. Jahrhundert haben sie für aphrodisierende Zaubertränke verwendet. Dafür gibt es bis heute Spuren in unserer Sprache: Love apple, Pomme d'amour, Liebesapfel und Pomo (oder Mela) d'oro. In vielen Kulturen hat der Name der roten Frucht einen deutlichen Bezug zur Liebe. Erst viel später wurden die alten Bezeichnungen, mit Ausnahme des italienischen Pomodoro, durch Ableitungen aus dem aztekischen Wort Tomatl ersetzt.

Während es in Frankreich die Tomate nur auf der Tafel des Königs gab, brauchte es in Kampanien eine Hungersnot (und einen mutigen, aber leider unbekannt gebliebenen Bauern), um die Paradeiser im 18. Jahrhundert auf die Teller und in die Töpfe der Neapolitaner zu bringen. 1762 beschrieb dann Lazzaro Spallanzani erstmals Konservierungstechniken für Tomaten. Die ersten Rezepte finden sich im 1819 aufgelegten *Cuoco Galante* (der raffinierte Koch) vom neapolitanischen Hofkoch Vincenzo Corrado, und dazu schrieb Italiens Schriftsteller-Legende Luciano de Crescenzo: „Die Entdeckung der Tomate hat für die Geschichte der Ernährung denselben Stellenwert wie die französische Revolution für die Entwicklung des sozialen Gewissens."

Mit so viel Vorschusslorbeeren im Hinterkopf fahren wir auf der E 842, der Autostrada dei Due

Pomodori Pelati aus San Marzano-Tomaten: „Perfekt für Pizza", sagt Angelo Tortora, der seine rote Tomatensauce stets aus dieser Sorte zubereitet. Der fruchtig-süßliche Geschmack der echten San Marzano lohne den aufwändigen Anbau mit viel Handarbeit

Auf der Suche nach den besten Tomaten der Welt kamen wir auch durch San Valentino Torio im Süden des Vesuv. Bei Galletto werden Kirschtomaten verarbeitet, die großartigen San Marzano dagegen rund um Nola

Mari, von Neapel aus nach Nordosten. Den Vesuv lassen wir rechter Hand liegen, aber sein Einfluss ist hier überall spürbar. Denn wohin man auch blickt: Felder voller Gemüse. Artischocken und Auberginen, Kohlrabi und Kiwi, Melonen, Rucola und Zucchini: Wen wundert's, dass es rechts ab nach Paradiso geht? Nur von Tomaten gibt es erst einmal keine Spur.

Das ändert sich, je näher wir nach Nola kommen, einem der Zentren des Tomatenanbaus in Kampanien. Alle paar Kilometer gibt es hier einen Betrieb, der San Marzano-Tomaten annimmt und verarbeitet. Zu Pomodori Pelati, geschälten Dosentomaten, dem roten Gold von Napoli. „Diese Schältomaten sind für Pizzen einfach perfekt", sagt Angelo Tortora und macht eine Dose auf, um es genauer zu erklären: „Bei pürierten oder passierten Tomaten kann man auch die eine oder andere unreife Tomate mitverarbeiten. Bei Schältomaten geht das nicht, weil du die Qualität und den perfekten Reifegrad der Tomaten sofort siehst und dann auch schmeckst."

Gleichzeitig ist die San Marzano-Tomate eine Diva, die sich beharrlich weigert, in Bodennähe

gut zu gedeihen, um so die Ernte zu erleichtern. „Stimmt“, sagt Roberto Tortora und grinst. „Für die San Marzano werden mannshohe Gerüste wie da vorn gebaut, damit die Pflanzen das Sonnenlicht voll ausnutzen.“

Wegen der Gerüste wird nur von Hand geerntet und ausschließlich bei vollendeter Reife – also zwischen dem 30. Juli und dem 30. September. Nur so gewinnt man die Königin unter den Tomaten mit ihrem fruchtig-süßen und gleichzeitig kraftvollen Geschmack. Die San Marzano schmeckt fantastisch und besitzt nur wenig Kerne – aber weil die Haut so dünn und verletzlich ist, wäre die Sorte vor einigen Jahren um ein Haar ausgestorben.

Dabei gründete auf diesen Tomaten einst ein Welterfolg, der viele tausend Neapolitaner in Lohn und Brot brachte. Die Rede ist von Francesco Cirio, dem Gründer der gleichnamigen Tomatenfabrik, deren Schältomaten einst in fast 100 Länder verschifft wurden. Das rote Gold von Napoli – ein absoluter Exportschlager!

Erst durch den Verkauf der San Marzano in Konserven von Cirio wurde der Konsum von Tomaten in Verbindung mit Pasta und Pizza aus Italien im

20. Jahrhundert so richtig populär. Inzwischen ist die Tomate natürlich in ganz Italien verbreitet und wird im großen Stil in Apulien, der Emilia-Romagna und auf Sizilien angebaut. In den 1980er-Jahren hatte Kampanien noch einen Anteil von 20 Prozent an der italienischen Tomatenproduktion, heute sind es weniger als 5 Prozent. „Man muss schon genau hinschauen, wenn man **echte San Marzano aus Kampanien** haben will", sagt daher Angelo. „Es reicht nicht, wenn die Dose nur so aussieht, als käme sie aus Neapel. Und denk dran: San Marzano ist nicht nur ein Ort, sondern auch der Name der Sorte."

Während unser Fototeam eine Drohne über die Felder fliegen lässt, ist Zeit für ein paar Infos von Carmine Tortora über **das besondere Verhältnis der Neapolitaner zu ihren Tomaten**. Dass dabei auch der Fußball eine Rolle spielt – man hätte es fast erwarten können! Jedenfalls war Cirio viele Jahre lang Hauptsponsor des SSC Neapel, und das vergisst man hier im Süden nicht zu erwähnen. Seltener aber hört man, was aus der Marke wurde, wie erst die Sagrit-Holding mit Cirio und Bertolli kollabierte, wie Cirio mit Del Monte Royal verschmolz und noch einmal durch die Insolvenz musste. Seither stehen am Stadtrand von Neapel riesengroße, verrostende Hallen, für die man jetzt aber wieder neue Ideen hat. Apple hat sich entschieden, in Neapel einen Campus zu errichten, und wo einst treckerweise Tomaten landeten, sollen schon bald Hacker leise in die Tasten hauen. Italiens Silicon Valley am Rande des Vesuvs. Auch eine schöne Vorstellung!

60 Minuten | vegan | Für 1 Pizza

PIZZA **MRS. VEGAN**

Diese Kreation ist so lecker, dass sie eigentlich jeder probieren sollte. Im Mamma Lina ist sie allerdings der klare Liebling unserer weiblichen Gäste. Für viele männlichen Gäste ist halt Fleisch immer noch das beste Gemüse. Wer so denkt, verpasst leider diese fruchtig-raffinierte Komposition mit Tofu, Mango und knackigem Pak Choi

CURRYSAUCE FÜR 1 PORTION

200 g fertige, fruchtige Currysauce – oder selbst gemacht:
40 g Aubergine | 40 g Zucchini | 1 TL Öl | 15 g Sojasprossen | 20 g Spinat | 3–4 Ringe rote Chili
50 g frische Ananas | 1 Knoblauchzehe | 5 g Ingwer | 150 ml Kokosmilch | ½ TL Curry
1 Msp. Paprikapulver | 30 ml Weißweinessig | Sesam als Topping | Salz | Pfeffer

Ihr habt die Wahl: Entweder nehmt ihr eine fertige, fruchtige Currysauce als Basis oder ihr schmurgelt euch eure eigene. Dafür Auberginen und Zucchini in Würfel schneiden und in Öl anbraten. Sojasprossen, Spinat, rote Chili und Ananas mit in die Pfanne geben, eine Knoblauchzehe kleinschneiden und dazugeben, Ingwer dazureiben, mit Kokosmilch aufgießen, Gewürze hineingeben, mit 50 ml Wasser und dem Weißweinessig aufkochen, etwas einreduzieren. Mit Salz und Pfeffer abschmecken und später mit Sesam bestreuen.

Schon gewusst? Tofu ist einer der vielseitigsten Eiweißlieferanten der veganen Küche. Zum Curry passt ein schöner Räuchertofu am besten – aber das ist natürlich euch überlassen!

FÜR DEN BELAG

1 Teigling (300 bis 350 g) **| 1 EL Sonnenblumenöl | 4-5 Babykarotten | 1 EL Ahornsirup**
1 Pak Choi | 1 Handvoll Babyspinat | 2 EL Olivenöl | Sesam | Salz | Pfeffer | 4 Streifen Tofu | ¼ Mango

Eine Metallschüssel mit Öl einreiben, Pizzateig drüberlegen und mit Schüssel für etwa 10 Minuten bei 200 Grad im Haushaltsofen backen, bis der Teig Farbe bekommt. Diesen Brotkorb später in einen ähnlich großen, tiefen Teller legen und die Currysauce einfüllen.

Derweil Karotten schälen, in Salzwasser 6 Minuten kochen. Danach in einer Pfanne mit 1 EL Sonnenblumenöl und 1 EL Ahornsirup die Babykarotten glasieren. Pak Choi vierteln, anbraten. Babyspinat, roh mariniert mit Olivenöl, Sesam, Salz und Pfeffer in den Brotkorb legen. Tofu in Scheiben schneiden, anbraten, dazugeben. Mango ebenfalls in feine Streifen schneiden und in den Brotkorb legen. Fertig!

'87
'87
'87

45 Minuten | vegetarisch | Für 1 Pizza

PIZZA **VEGGIE ROSSA**

Carpaccio mit hauchdünnen Scheiben Fleisch kennt wohl jeder. Mittlerweile gibt es aber auch viele vegetarische Varianten davon: Besonders bekannt ist das Rote Bete-Carpaccio mit Roter Bete, Ziegenkäse, Rucola und Walnüssen. Diese Mischung schmeckt so abgefahren gut, dass wir davon zu einer neuen Pizza inspiriert wurden: der Veggie Rossa, nicht zu verwechseln mit dem Ferrari Testarossa, wie ihn unser Papa zur Hochzeit fuhr…

KARAMELLISIERTER ZIEGENKÄSE

1 Ziegenkäsetaler (zum Beispiel von Monte Ziego, etwa 80 g) | **1 TL brauner Zucker**

Den Ziegenkäse in Stücke brechen und mit braunem Zucker zuckern. Mit einem Butangasbrenner karamellisieren. Alternativ kann der gezuckerte Ziegenkäse auch für etwa 30 Sekunden bei maximaler Temperatur im Ofen karamellisiert werden, ist aber nicht so einfach wie mit dem Brenner.

APFELKOMPOTT

½ Apfel | 150 ml Apfelsaft | 1 EL Zucker | ¼ Vanilleschote | Zimt | 1 EL Maisstärke

Den Apfel geschält oder ungeschält in kleine Stücke schneiden und mit Apfelsaft aufgießen. Zucker, Vanilleschote und eine Messerspitze Zimt hinzufügen und für circa 5 Minuten einkochen. Danach 1 EL Maisstärke mit 1 EL Wasser anrühren und das Apfelkompott damit abdicken.

Für das Apfelkompott empfehlen wir, einen roten, mehligen Apfel zu verwenden. Dieser schmort und bindet Flüssigkeit besonders gut

FÜR DEN BELAG

1 Teigling (300 bis 350 g) | **1 rote Bete, gekocht | 160 g Fior di Latte | 2 EL Olivenöl Salz | Pfeffer | 1 karamellisierter Ziegenkäse | Apfelkompott | 1 Walnuss**

Die gekochte rote Bete in feine Scheiben schneiden.

Die Pizza in der klassischen Vesuvform ausbreiten, dabei den Rand etwas dicker ausformen als die Mitte, damit er beim Backen schön hochkommen kann. In der Mitte der Pizza Fior di Latte verteilen. Das Olivenöl auf den Rand der Pizza streichen und Pizza im Ofen goldbraun backen. Bei 200 Grad mit Ober-/Unterhitze braucht es dafür etwa 8 Minuten, bei 250 Grad 4 bis 5 Minuten und mit Pizzastein und 350 Grad Hitze etwa 60 Sekunden.

Die Pizza aus dem Ofen herausholen und den Boden mit den Rote Bete-Scheiben belegen. Auf die Scheiben ein bisschen Olivenöl, Salz und Pfeffer streuen. Den karamellisierten Ziegenkäse auf der Pizza verteilen und mit Apfelkompott-Punkten dekorieren. Zum Schluss die Walnuss darüber reiben.

70 Minuten | vegetarisch | Für 1 Pizza

PIZZA **MONICA BELLUCCI**

La Monica oder La Bellissima nennen wir Monica Bellucci in unserer alten Heimat. Die schöne Schauspielerin steht für geballte Weiblichkeit und Sinnlichkeit, gepaart mit Lebenslust und dem Stolz, Italienerin zu sein. All diese Eigenschaften hatten wir vor Augen, als wir diese Pizza kreiert haben. In diesem Sinne: Buon Appetito!

FÜR DEN BELAG

1 Teigling (300 bis 350 g) | **2 Auberginen** | **4 Ringe Chili** | **2 Knoblauchzehen** | **Salz** | **1 EL Essig**
200 ml Sonnenblumenöl | **8 EL Olivenöl** | **1 Zweig Thymian** | **1 Zweig Rosmarin** | **Pfeffer**
160 g Fior di Latte | **100 g Auberginencreme** (siehe S. 105) | **50 g marinierter Ricotta** (siehe S. 144)
Erbsen- oder Gartenkresse zum Dekorieren

Gartenkresse als Deko kennt jeder. Neu sind Erbsen-, Lupinen-und Kichererbsenkresse. Wer Lust auf etwas Besonderes hat, kann solche Sprossen im Internet bestellen – oder einfach selbst anzüchten

Die Auberginen waschen. Eine Aubergine mit Haut in feine Streifen (Julienne) schneiden, großzügig salzen. Nach einer Weile das Wasser zwischen zwei sauberen Leintüchern auswringen. Die Auberginen-Julienne in ein Weckglas legen, vier Ringe Chili, eine Knoblauchzehe halbieren, salzen. Essig dazu, mit Sonnenblumen-Öl und 1 EL Olivenöl auffüllen. Das Weckglas schließen. Mindestens zwei Tage stehenlassen.

Die zweite Aubergine halbieren und auf der Fleischseite mit einem Messer einritzen. Mit 7 EL Olivenöl marinieren. Mit Salz, Pfeffer, einer Knoblauchzehe, Thymian, Rosmarin würzen. Kurz im Ofen schmoren.

Den Pizzateigling in der klassischen Vesuvform ausbreiten, dabei den Rand etwas dicker ausformen als die Mitte, damit er beim Backen schön hochkommen kann. Fior di Latte auf Pizzamitte legen. Rand mit Olivenöl bestreichen und backen. Bei 200 Grad mit Ober-/Unterhitze braucht es dafür etwa 8 Minuten, bei 250 Grad 4 bis 5 Minuten und mit Pizzastein und 350 Grad Hitze etwa 60 Sekunden.

Sobald die Pizza eine goldbraune Farbe angenommen hat, herausnehmen! Jetzt kommt der Belag darauf. Erst die Auberginencreme, dann die Auberginen aus dem Ofen und aus dem Weckglas, der Ricotta und die Kresse.

40 Minuten | vegetarisch | Für 1 Pizza

PIZZA **ZUCCHINI**

Grüner wird's nicht: Diese Pizza ist nicht nur vegetarisch, sondern schreit auch optisch nach Pflanzen-Power. Zucchini findet man hier nicht nur in einer leckeren Creme als Grundlage der Pizza, sondern auch on top frittiert wie bei Antipasti. Crème-Fraîche, Parmesan und Basilikum vollenden den frischen, sommerlichen Geschmack

ZUCCHINI-CHIPS

½ Zucchini | Öl zum Frittieren

Zucchini in Streifen schneiden und frittieren. Auf einem Küchenpapier abtropfen lassen.

FÜR DEN BELAG

1 Teigling (300 bis 350 g) **| 100 g Zucchinicreme** (siehe S. 105) **| 160 g Fior di Latte | 2 EL Olivenöl**
30 g Parmesancreme (siehe S. 102) **| 10 Zucchini-Chips | 80 g Crème-Fraîche '87** (siehe S. 107)
Salz | Pfeffer | 4 Basilikumblätter | 20 g Parmesan, gehobelt

Die Pizza in der klassischen Vesuvform ausbreiten, dabei den Rand etwas dicker ausformen als die Mitte, damit er beim Backen schön hochkommen kann. Zucchinicreme und Fior di Latte auf dem Teig verteilen. Dann Olivenöl und Parmesancreme auf den Rand des Teigs streichen.

Die Pizza im Ofen goldbraun backen. Bei 200 Grad mit Ober-/Unterhitze braucht es dafür etwa 8 Minuten, bei 250 Grad 4 bis 5 Minuten und mit Pizzastein und 350 Grad Hitze etwa 60 Sekunden.

Die Pizza aus dem Ofen nehmen. Anschließend die Zucchini-Chips und die Crème-Fraîche '87 auf der dampfend heißen Pizza verteilen. Etwas Salz und Pfeffer darüber streuen. Zum Schluss die Basilikumblätter und den Parmesan auf der Pizza verteilen.

Wusstet ihr, dass Zucchini gar nicht mit Gurken verwandt sind, sondern mit Kürbissen? Zucca ist das italienische Wort für Kürbis, weshalb man Zucchini auch als kleine Kürbisse übersetzen kann

30 Minuten | vegetarisch | Für 1 Pizza

PIZZA **POPEYE**

Wie diese Pizza zu ihrem Namen kam, braucht wohl kaum eine Erklärung. Popeye, die bekannte Comicfigur und Held unserer Kindheit, liebt schließlich Spinat! Dose um Dose schluckt er das grüne Blattgemüse und erlangt dadurch ungeahnte Kräfte, die ihm in zahlreichen Prügeleien das Leben retten. Ob unsere Pizza Popeye mit Babyspinat, Spiegeleiern und kandierten Walnüssen ähnliche Wirkung hat? Findet es raus!

FÜR DEN BELAG

1 Teigling (300 bis 350 g) | **½ Zwiebel** | **1 TL Butter** | **120 g Babyspinat** | **Salz**
1 Prise Muskatnuss | **3 Eier** | **bunter Pfeffer** | **3–4 Walnüsse, ganz** | **1 EL Ahornsirup**
100 g Steinpilzcreme (siehe S. 25) | **160 g Fior di Latte** | **2 EL Olivenöl**

Die Zwiebel in feine Würfel schneiden und in etwas Butter in einer Pfanne anschwitzen. Den Babyspinat gründlich waschen, abtropfen lassen und zu den Zwiebeln geben. Mit Salz und Muskatnuss abschmecken.

Die Eier aufschlagen und in einer Pfanne mit etwas Öl zu Spiegeleiern braten. Mit einem runden Ausstecher gleichgroß ausstechen und mit Salz und buntem Pfeffer würzen.

Die Walnüsse leicht andrücken und in einer Pfanne ohne Öl anrösten. Ahornsirup zugeben und karamellisieren, bis sich der Sirup mit den Nüssen verbindet.

Jetzt die Pizza in der klassischen Vesuvform ausbreiten. Achtet darauf, den Rand etwas dicker auszuformen als die Mitte, damit er beim Backen schön aufgehen kann. Mit der Steinpilzcreme und Fior di Latte belegen, den Rand mit Olivenöl einstreichen und backen. Bei 200 Grad mit Ober-/Unterhitze braucht es dafür etwa 8 Minuten, bei 250 Grad 4 bis 5 Minuten und mit Pizzastein und 350 Grad Hitze etwa 60 Sekunden backen.

Die Spiegeleier auf die dampfend heiße Pizza geben, mit Spinat und den kandierten Walnüssen toppen und genießen!

Kennt ihr den Popeye-Effekt? Spinat fördert tatsächlich den Muskelaufbau und steigert die körperliche Leistungsfähigkeit

TERZIGNO – PAPA CARMINES ALTE HEIMAT

VON EINEM, DER AUSZOG UND SEIN GLÜCK FAND

Die Wurzeln der Familie Tortora gründen in der vulkanischen Erde von Terzigno, direkt am Vesuv. Ein Besuch in der eigenen Vergangenheit und ein unsentimentaler Rückblick auf das Neapel von einst – schon krass, welche Geschichten das Leben schreibt

Terzigno ist kein Ort der großen Schlagzeilen mehr. Das war mal anders. Damals, 2010, als Silvio Berlusconi hier am Fuß des Vesuv Europas mit drei Millionen Tonnen größte Mülldeponie errichten lassen wollte. „Hat er nicht geschafft", murmelt Carmine Tortora, der aus diesem kleinen Ort im Südosten Neapels stammt. „Es gab über Wochen Proteste. Und zwar so lautstark und energisch, dass am Ende der Berlusconi klein beigeben musste."

Die Anekdote sagt viel aus über den Charakter der Menschen hier, über das große Herz und den Mut der 17 000 Seelen in Terzigno. Man steht zusammen, wenn es sein muss. Man ist füreinander da. Auch oder vielleicht gerade, wenn man es mit schier unlösbaren Problemen zu tun hat. Dreimal ist die Stadt vom Vesuv zerstört worden, dreimal hat man sie wieder aufgebaut. Beim jüngsten Ausbruch, 1945, haben die Menschen die Statue vom heiligen San Antonio vor die Lava gestellt – und die Lava ist drumherum gelaufen und erkaltet. **Wunder geschehen halt immer wieder.**
Dass Carmine Tortora trotzdem 1980 seine Heimat verließ, um mit 19 Jahren in Deutschland sein Glück zu versuchen und nicht länger auf ein Wunder zu hoffen, ist vor diesem Hintergrund vielleicht noch bemerkenswerter? „Naja", sagt er relativierend. „Neapel hatte damals viele Probleme. **Du hattest keine guten Aussichten, um hier etwas aus deinem Leben zu machen."**

In Deutschland war das anders. Carmines Eltern hatten Italien bereits seit einigen Jahren verlassen, eine Pizzeria mit dem Namen Mamma Lina in Rastatt eröffnet. Carmine lebte zu diesem Zeitpunkt noch in Terzigno. Aber auch ihn zog es in die Ferne, er war fest entschlossen, sich in Deutschland eine Existenz aufzubauen. Als seine Eltern in den 1980ern zurück nach Italien gingen, blieb Carmine. 1987 wagte er den Sprung in die Selbstständigkeit und eröffnete das Mamma Lina an einem neuen, besseren Standort – diesmal in Baden-Baden.

„Papa hat immer viel gearbeitet, oft 14 oder 15 Stunden am Tag", sagt Angelo Tortora rückblickend. „Für uns als Kinder war das schlimm, weil wir es nicht verstanden haben. Warum kann er nicht mit uns in den Urlaub, warum hat er nie

Auf dem Kirchplatz von Terzigno: In der kleinen Chiesa di San Antonio (im Hintergrund) ist Carmine 1961 getauft worden. Die Heiligenfigur (im Hintergrund) hat man 1945 vor die auf Terzigno zufließende Lava aus dem Vesuv gestellt – und so den Ort gerettet

Aus dem Familienalbum: Papa Carmine in der Tür des 1987 in Baden-Baden eröffneten Mamma Lina, Angelo als Kleinkind auf dem Arm von Mutter Petra, eines der großen Familienfeste im Restaurant, die Küchencrew von damals und das Hochzeitsfoto von Carmine und Petra mit Opa Angelo und Oma Carolina

Zeit? Mama hat vieles aufgefangen, die Großeltern auch, klar. Heute aber ziehen wir den Hut. Dass wir jetzt das 35-jährige Bestehen vom Mamma Lina feiern – das ist nicht Robertos oder mein Verdienst, sondern seiner."

Und doch: Es wurde ganz schön laut, als erst Angelo und dann Roberto ihrem Vater erklärten, ebenfalls in der Gastronomie ihr Glück suchen zu wollen. **„Ich hab' die beiden für verrückt erklärt!"**, sagt Carmine. „Koch werden! In der heutigen Zeit! Ich hab' die Hände über dem Kopf zusammengeschlagen! Es gibt doch so viele andere Jobs, wo man mit weniger Arbeit mehr erreichen kann. Wo man mehr Zeit hat für die Familie und alles. Warum tun sie sich das an? Aber sie ließen sich beide nicht beirren, sind ihren Weg gegangen und wenn ich heute sehe, wie gut sie sind: Dann haben sie alles richtig gemacht."

Easy aber war das nicht. Denn Angelo geht den harten Weg. Hauptschule, Wirtschaftsgymnasium, Kochlehre im Hotel Dollenberg, unter der strengen Ägide von Zwei-Sterne-Mann Martin Herrmann und bei Sterne-Koch Bernd Werner auf Schloss Eberstein. Auf dem Dollenberg lernt Angelo auch seinen Freund Michele Arsuto kennen, der damals schon acht Jahre dabei ist. Michele wird Angelos Rückhalt, hilft ihm, durchzuhalten und ist heute als Küchenchef im Mamma Lina.

„Um heute Erfolg in der Gastronomie zu haben, darfst du nicht italienisch denken“, sagt Angelo. „Du musst deutsch denken, effektiv sein, den Laden wie ein deutscher Ingenieur führen und das Ganze dann kombinieren mit dem Herz und der Seele des Italieners. Dann wird's auch was.“

Zurück nach Terzigno. Den Kirchplatz haben wir verlassen, es ist einfach zu heiß hier auf dem Platz vom heiligen Antonio. „Lass uns in ein Café gehen“, sagt Carmine und führt uns zu Familie Ferrare. Auch dort gab es schon den Generationswechsel, sehr zum Erstaunen von Carmine steht nicht mehr Luigi, sondern sein Sohn Giuseppe hinter dem Tresen und stellt uns einen großartigen Teller mit fein gefüllten Blätterteigteilchen zusammen. Dazu ein paar Espressi – herrlich! **„Es ist schön, aber es ist nicht mehr Heimat“**, sagt Carmine dazu. „Heimat ist längst Baden-Baden und das Mamma Lina.“ Dass er dort 1988 auch seine große Liebe Petra traf – er im Service, sie als Gast – es passt irgendwie ins Bild. Mit seiner Petra gründete er eine Familie. Die Hochzeitskutsche: ein Ferrari Testarossa.

„Ohne Mama wäre heute nichts so, wie es ist“, sagt auch Roberto. „Sie war der Dreh- und Angelpunkt in der Familie, hat uns aufgezogen, hat als Steuer-Spezialistin die Finanzen im Griff gehabt und uns zu dem gemacht, was wir heute sind.“ Der Wandel von der Einzelfirma zur Mamma Lina

Das Stammhaus der Tortoras in der Via Avini 68 am Ortsrand von Terzigno. In den 1980er-Jahren war hier für einen jungen Mann wie Carmine nicht mehr viel zu erreichen

GmbH in 2012, die Gründung des *Garibaldi* als zweites Restaurant: Bei allen großen Entscheidungen hatte Mama Petra ihre Hände mit im Spiel.
2015 hat Angelo das Mamma Lina übernommen, seit 2017 ist sein Bruder Roberto mit an Bord und wenn es nicht noch eine Überraschung gibt, wird auch die Schwester der beiden demnächst mit von der Partie sein. „Maria Rosa wird demnächst 21 und hat jetzt schon ein Auftreten, für das ich sie bewundere. Wenn Roberto und ich mal nicht da sind, macht sie das Telefon und das Take-Away-Geschäft. Aber ich bin mir zu 100 Prozent sicher, dass sie demnächst auch noch mehr bei uns mitmischt! Yes please! Dann wird es noch mal mehr rund gehen!"

Das aber tut es jetzt schon. **In den vergangenen fünf Jahren ist das Mamma Lina** gleich zweimal umgebaut und aufgehübscht worden. Weniger Plätze drinnen, dafür eine größere Küche, eine schicke Terrasse und ein grandioser Weinkeller. Wenn man die alten Bilder anschaut, von damals in den 1980er-Jahren, als das Mamma Lina noch ein Ristorante wie so viele andere war und draußen Fürstenberg für Bier warb – krass.

Wir sind derweil in der Via Avini angekommen. Keine naturschöne Gegend, auch wenn wir hier schon auf dem Boden des Nationalparks Vesuv stehen. Davon aber merkt man nichts. Am Fahrbahnrand steht ein verbeulter Fiat, ein Hund läuft die Straße hinunter und über uns ziehen sich Stromleitungen von Haus zu Haus. In den Gärten wächst Gemüse, eine kleinbürgerlich-ländliche Gegend wie so oft in Süditalien. Was wollen wir hier? **„Da vorn bin ich geboren und aufgewachsen",** sagt Carmine. „In dem kleinen, grauen Haus da mit den zwei Fenstern. Es gehörte damals meinen Großeltern, aber wir haben mit dem Onkel und der Tante darin gewohnt."
Man kann hier nicht gut parken, aber für ein Foto halten wir kurz an. In der Via Avini 68 hat schließlich mal alles begonnen, damals in den 1960er-Jahren, als das Neapel von Sophia Loren

Frühstückspause im Café Ferrare in der Ortsmitte von Terzigno. Als Carmine die Kleinstadt am Fuß des Vesuv verließ, brachte noch Luigi Ferrare die kleinen Blätterteigteilchen, heute ist es sein Sohn Giuseppe

auf der einen Seite eine schillernde Traumstadt am Mittelmeer war und es gleichzeitig bittere Armut und regelrechte Slums gab. In manchen Vierteln wohnten vier bis 13 Personen in einem Raum, in dem es weder fließend Wasser noch Kanalisation gab und nur selten elektrisches Licht. „Ganz so war es bei uns nicht", sagt Carmine. „Aber auch wir mussten früh anfangen zu arbeiten und unseren Teil beisteuern."

In manchen Vierteln von Neapel waren Jungs ab dem siebten Lebensjahr dazu verdammt, sich um ihr Überleben zu kümmern. Damit sie überhaupt zu Geld kamen, arbeiteten sie als Austräger: Sie holten Wasser oder trugen die gefüllten Espressotassen von der Bar ins Büro. Was verdient wurde, wurde in Essen umgesetzt und am Abend in irgendwelche Glücksspiele. „Die Scugnizzi", sagt Carmine. „Arme Teufel, die aus ihrem Leben nicht viel machen konnten. Versteht ihr jetzt, warum Baden-Baden meine Heimat wurde?"

90 Minuten | mit Fleisch | Für 1 Pizza

PIZZA
TORTORA BROTHERS

Diese Pizza ist für alle, die Lust auf eine Endgegner-Challenge haben! Unterteilt in vier Ecken und belegt mit allen Zutaten, die wir feiern, ist die bereits sechste Version unserer Pizza Tortora Brothers etwas ganz Besonderes. Unser Highlight: Eines der Stückchen ist mit mariniertem Ricotta gefüllt und anschließend frittiert!

FRITTIERTE ECKE

60 g Ricotta | 40 g Honig | Salz | Pfeffer
30 g Parmesancreme (siehe S. 102) **| Crème-Fraîche '87** (siehe S. 107)

Den Ricotta auf ein Backblech geben und mit dem Honig bestreichen. Etwas Salz und Pfeffer dazugeben und miteinander vermischen. Anschließend bei 160 Grad für 10 Minuten im Ofen backen. Nach dem Backen im Thermomix oder mit einem Stabmixer vermixen.

ZUCCHINI-ECKE

½ Zucchini | Salz | 1 EL Stracciatella di Bufala | 40 g Fior di Latte

Die Zucchini in 10 schmale Scheiben schneiden, in heißem Fett frittieren, auf Küchenpapier abtropfen lassen und anschließend salzen.

Wir wissen: Diese Pizza ist nichts für Anfänger und braucht ziemlich viel Zeit. Aber: Eine Pizza durch vier zu teilen ist nichts Neues! Die italienische Traditionspizza Quattro Stagioni (also vier Jahreszeiten) ist weltbekannt

BUD-SPENCER-ECKE

3 Hackfleischbällchen (siehe S. 157) **| 100 ml Tomatensugo** (siehe S. 102)
2 Basilikumblätter | 10 g Parmesanspäne

Die Hackfleischbällchen in einer Pfanne anbraten. Anschließend den Tomatensugo dazugeben, zum Kochen bringen und etwa 15 Minuten köcheln lassen.

OKTOPUS-ECKE

1 Oktopus-Arm (siehe S. 171) **| 4 Kalamata-Oliven, entkernt | 6 Kapern**
50 ml Tomatensugo (siehe S. 102) **| 1 TL Zwiebeln, gehackt | 1 EL Sonnenblumenöl**

Den Tintenfischarm zubereiten und in 1 Zentimeter dicke Scheiben schneiden. Zwiebelwürfel in der Pfanne anschwitzen, Sonnenblumenöl, Kapern und Oliven zugeben. Die Tintenfischscheiben zugeben, mit Tomatensugo aufgießen und kurz köcheln lassen.

Den Teigling auf der Arbeitsfläche ausbreiten und ein Viertel herausschneiden. Dieses Viertel mit dem Nudelholz auf die doppelte Größe ausrollen, mit mariniertem Ricotta füllen, mit Parmesancreme bestreichen, zuklappen, gut zudrücken und frittieren. Nun den Tomatensugo auf die Oktopus- und Bud-Spencer-Ecke verteilen, auf die Zucchini-Ecke kommt Fior die Latte. Bei höchster Stufe im Ofen goldbraun backen. Nun die vorbereiteten Beläge und Toppings auf die jeweiligen Viertel geben, das frittierte Viertel einsetzen.

45 Minuten | mit Fleisch | Für 1 Pizza

PIZZA **URKARTOFFEL**

Diese Pizza hat ihren Namen von ihrer Hauptzutat: der Urkartoffel. Mit ihrer blau-violetten Färbung macht sie nicht nur optisch was her, sondern gibt der Pizza auch ein leicht nussiges Aroma. Im Vergleich zu herkömmlichen Kartoffelsorten ist die Urkartoffel weniger süß und passt somit perfekt zu den knusprigen Pancetta-Chips!

PANCETTA-CHIPS

5 Scheiben Pancetta-Schinken

Für die Pancetta-Chips die Scheiben vom Bauchspeck auf einem Backblech verteilen und bei 180 Grad etwa 10 Minuten im Ofen backen, bis sie schön knusprig sind.

URKARTOFFEL-CHIPS

1 Urkartoffel

Die Urkartoffel mit einem Hobel so dünn wie möglich hobeln. Dann die Kartoffel-Scheiben frittieren, bis sie knusprig werden. Nach dem Frittieren die Chips auf Küchenpapier abtropfen lassen und bereithalten.

Bevor die Urkartoffel für die Chips frittiert wird, dürfen die Kartoffel-Scheiben gern 5 Minuten in eiskaltes Wasser gelegt werden. Dadurch wird ihnen etwas Stärke entzogen und sie lassen sich besser frittieren

FÜR DEN BELAG

1 Teigling (300 bis 350 g) | **150 g Urkartoffelcreme** (siehe S. 105) | **120 g Büffelmozzarella** | **2 EL Olivenöl** **5 Pancetta-Chips** | **10 Urkartoffel-Chips** | **30 g Crème-Fraîche '87** (siehe S. 107) | **4 Basilikumblätter**

Die Pizza in der klassischen Vesuvform ausbreiten, dabei den Rand etwas dicker ausformen als die Mitte, damit er beim Backen schön hochkommen kann. Auf dem Pizza-Teig 100 g der Urkartoffelcreme verteilen und Büffelmozzarella gezupft darauf geben. Dann Olivenöl auf den Rand streichen und die Pizza im Ofen goldbraun backen. Bei 200 Grad mit Ober-/Unterhitze braucht es dafür etwa 8 Minuten, bei 250 Grad 4 bis 5 Minuten und mit Pizzastein und 350 Grad Hitze etwa 60 Sekunden.

Nach dem Backen die restlichen 50 g der Urkartoffelcreme als Punkte auf die Pizza geben. Danach die Pancetta- und die Urkartoffel-Chips darauf verteilen. Zum Schluss die Crème-Fraîche und die Basilikumblätter auf die Pizza geben.

60 Minuten | vegetarisch | Für 1 Pizza

PIZZA **TERENCE HILL**

Terence Hill ist in Italien ein Kult-Star – und der Held unserer Kindheit. Der Schauspieler stand zusammen mit Filmkollege Bud Spencer in 18 Filmen vor der Kamera. Wir haben es geliebt, wenn die beiden sich mit Vier Fäusten für ein Hallelujah oder als Himmelhunde auf dem Weg zur Hölle durchgeschlagen haben. Am liebsten isst Terence Hill Bohnen – Grund genug für die Tortora Brothers, ihm eine eigene Pizza zu widmen

KARTOFFEL-BOHNEN-PÜREE FÜR 4 BIS 6 PIZZEN

500 g Kartoffeln, festkochend | 200 ml Milch | 200 ml Sahne | 60 g Pecorino | 80 g Butter
Salz | Pfeffer | frische Muskatnuss | 200 g Kidneybohnen aus der Dose (Flüssigkeit aufheben!)

Die Kartoffeln weich kochen. Milch und Sahne aufkochen, Pecorino und Butter dazugeben. Mit Salz, Pfeffer und Muskatnuss würzen. Die warmen Kartoffeln stampfen oder durch eine Spätzlepresse drücken. Die Milch-Sahne-Mischung zur Kartoffelmasse geben und verrühren. Kidneybohnen abgießen, das Abtropfwasser aufbewahren und zur Seite stellen. Die Bohnen mit einem Stabmixer vermixen, zum Kartoffelpüree geben und unterrühren. Wenn das Püree beim Abkühlen die Cremigkeit verliert, könnt ihr das aufbewahrte Bohnenwasser (Aquafaba) angießen und unterrühren.

Wenn ihr die Kartoffelstückchen vor der Zubereitung in Eiswasser legt, löst sich die Stärke. Das macht die Kartoffeln besonders kross!

PIZZA TERENCE HILL

1 Teigling (300 bis 350 g) **| 1 kleine Kartoffel, festkochend | 4 Eiswürfel | Salz | etwas Möhrengrün**
120 g Kartoffel-Bohnen-Püree | 120 g Büffelmozzarella | 2 EL Olivenöl | 50 g Pecorino, gerieben | Pfeffer

Die Kartoffel schälen, würfeln und für einige Minuten in Eiswasser legen. In kochendem Salzwasser für 3 Minuten blanchieren und danach auf einem Tuch trockenlegen. Anschließend frittieren, herausnehmen, abtropfen lassen und salzen. Das Möhrengrün waschen und ebenfalls frittieren, bis es kross ist.

Kartoffel-Bohnen-Püree auf dem ausgebreiteten Pizzateig und leicht auf dem Rand verteilen. Büffelmozzarella klein zupfen und auf das Püree geben. Den Rand mit Olivenöl einreiben bei 200 Grad mit Ober-/Unterhitze für 8 Minuten, bei 250 Grad für 4 bis 5 Minuten oder auf dem Pizzastein bei 350 Grad Hitze für 60 Sekunden backen.

Nach dem Backen die Kartoffelwürfel auf die heiße Pizza geben und mit frittiertem Möhrengrün, Pecorino und schwarzem Pfeffer garnieren.

'87

45 Minuten | mit Fleisch | Für 1 Pizza

PIZZA **JAMES BOND**

Gefaltet, nicht geknüllt: Diese Pizza ist nicht nur äußerlich so aufregend wie ein James Bond-Film! Auch die Aufteilung der Pizza in drei Teile sorgt für ein abwechslungsreiches Geschmackserlebnis. Doch den Namen hat die Pizza nicht wegen ihres Geschmacks, sondern weil sie aussieht wie eine Fliege. Der Knoten der Fliege wird hier durch eine leckere Füllung mit mariniertem Ricotta gebildet. Müsst ihr probieren! Im Auftrag Ihrer Majestät…

MARINIERTER RICOTTA

40 g Ricotta | 30 g Honig | Salz | Pfeffer

Zuerst den Ricotta auf ein Backblech geben und mit dem Honig bestreichen. Etwas Salz und Pfeffer dazugeben und miteinander vermischen. Anschließend bei 160 Grad etwa 10 Minuten im Ofen backen. Nach dem Backen im Mixer oder mit dem Zauberstab mixen.

FÜR DEN BELAG

1 Teigling (300 bis 350 g) **| 40 g marinierter Ricotta | 160 g Fior di Latte**
30 g Trüffelcreme (siehe S. 27) **| 2 EL Olivenöl | 4 Scheiben Fleischtomaten**
120 g Burrata | Salz | Pfeffer | 30 g frittierter Rucola | 5 g frischer Trüffel | 10 g Parmesan
4 Scheiben Schinken (San Daniele Crudo)

Wo wir schon beim Thema Falten sind: Pizza isst man eigentlich richtig, indem man ein Stück mit den Händen zweimal faltet. Zugegeben: Wird bei dieser Pizza eher schwer. Aber egal wie man sie isst, es kommt ja sowieso auf den Geschmack an!

Den Pizza-Teig in eine ovale Form langziehen. In die Mitte den marinierten Ricotta geben. Dann die Seiten der Pizza über die Mitte falten, sodass eine Fliegen-Form entsteht. Die beiden Enden der Pizza in der klassischen Vesuvform ausbreiten, dabei den Rand etwas dicker ausformen als die Mitte, damit er beim Backen schön hochkommen kann.

Auf eine Seite Fior di Latte, auf die andere Seite Trüffelcreme geben. 2 EL Olivenöl auf den Rand streichen und im Ofen goldbraun backen. Bei 200 Grad mit Ober-/Unterhitze braucht es dafür etwa 8 Minuten, bei 250 Grad 4 bis 5 Minuten und mit Pizzastein und 350 Grad Hitze etwa 60 Sekunden.

Nach dem Backen die Tomatenscheiben auf die Seite mit Fior di Latte legen und die Burrata darauf platzieren. Etwas Olivenöl, Salz und Pfeffer darüber streuen. Auf die Seite mit der Trüffelcreme den frittierten Rucola und frisch gehobelten Trüffel legen. Etwas Salz, Pfeffer und frischen Parmesan darüber streuen. Zum Schluss auf der Mitte der Pizza den Schinken schön gefaltet platzieren.

20 Minuten | mit Fleisch | Für 1 Pizza

PIZZA
MORTADELLA E PISTACCHIO

Man nennt sie auch das grüne Gold Siziliens: Pistazien werden traditionell an den Hängen des Ätna angebaut und sind aus der süditalienischen Küche nicht wegzudenken. Auf unserer Pizza treffen die süßlich-knackigen Kerne auf würzige Mortadella, sahnige Burrata und einen Hauch schwarzen Pfeffer. Eine unschlagbare Kombination – denn Mortadella und Pistazien gehören schließlich zusammen wie Erdbeeren und Sahne, oder?

FÜR DEN BELAG

1 Teigling (300 bis 350 g) | **160 g Fior di Latte** | **30 g Parmesancreme** (siehe S. 102) | **1 EL Olivenöl** | **4 Scheiben Mortadella** | **120 g Burrata** | **40 g Pistaziencreme** (siehe S. 107) | **20 g Pistazien, gehackt** | **Pfeffer**

Die Pizza in der klassischen Vesuvform ausbreiten. Achtet darauf, den Rand etwas dicker auszuformen als die Mitte, damit er beim Backen schön aufgehen kann. Die Pizza mit Fior di Latte belegen, den Rand mit Parmesancreme und Olivenöl bestreichen und backen.

Bei 200 Grad mit Ober-/Unterhitze braucht es dafür etwa 8 Minuten, bei 250 Grad 4 bis 5 Minuten und mit Pizzastein und 350 Grad Hitze etwa 60 Sekunden.

Die Mortadellascheiben zu Schleifen legen und auf die Pizza geben. Die Burrata leicht auseinanderziehen und in die Mitte der Pizza setzen. Mit der Pistaziencreme beträufeln und mit den gehackten Pistazien bestreuen. Mit dem schwarzen Pfeffer würzen und sofort servieren.

Wir empfehlen euch, lieber ein paar Scheiben Mortadella mehr als nötig zu kaufen und den Rest zu einem frischen Bauernbrot und einem guten Glas Wein zu genießen …

120 Minuten | mit Fleisch | Für 1 Pizza

PIZZA **CARBONARA**

Wer kennt sie nicht, die italienische Pastaspezialität Carbonara? Wir finden: Carbonara geht auch ohne Pasta! Deshalb haben wir die Komponenten des Nudelklassikers einfach auf eine Pizza gepackt. Ein Onsen-Ei in der Mitte, Pancetta-Chips drumherum und Pecorino drüber – fertig ist unsere Pizza Carbonara!

Beim Onsen-Ei hat schon der kleinste Temperaturunterschied große Auswirkungen. Ab 70 Grad würde das Ei stocken, bei Temperaturen zwischen 62 und 69 Grad hingegen wird das Eigelb wunderbar wachsweich

FÜR DEN BELAG

1 Teigling (300 bis 350 g) **| 1 Ei | 50 g Paniermehl | 50 g Pancetta-Schinken**
1 EL Butter | 1 EL Sonnenblumenöl | 2 EL Paniermehl | 60 g Pecorinocreme (siehe S. 102)
160 g Fior di Latte | 2 EL Olivenöl | 10 g Pecorino, frisch gehobelt

2–3 Liter Wasser in einem Topf oder einem Sous-Vide-Becken auf 64 Grad erhitzen. Das Onsen-Ei in der Schale für 90 Minuten darin ziehen lassen. Wer keine Sous-Vide-Technik hat, muss mit einem Thermometer leider immer wieder mal die Temperatur kontrollieren. Danach wird das Ei aufgeschlagen und das Eiweiß abgespült. Das separierte Eigelb in Paniermehl wenden und für 10 Sekunden in einer Fritteuse frittieren, bis es goldbraun ist.

Pancetta-Schinken in hauchdünne Scheiben schneiden und bei 180 Grad für 8 Minuten im Ofen zu krossen Chips backen.

Butter und Sonnenblumenöl in einer Pfanne erhitzen. Paniermehl darübergeben, schwenken und goldbraun anziehen lassen.

Die Pizza in der klassischen Vesuvform ausbreiten, dabei den Rand etwas dicker ausformen als die Mitte, damit er beim Backen schön hochkommen kann. Die Pecorinocreme spiralförmig auf den Pizzateig geben, danach mit Fior di Latte belegen. Den Rand mit Olivenöl einstreichen und bei 200 Grad mit Ober-/Unterhitze für 8 Minuten, bei 250 Grad für 4 bis 5 Minuten oder auf dem Pizzastein bei 350 Grad Hitze für etwa 60 Sekunden backen.

Das panierte Eigelb (möglichst frisch aus der Fritteuse) in der Mitte der gebackenen Pizza platzieren, die Pancetta-Chips darum verteilen und mit geriebenem Pecorino toppen. Zum Schluss das angezogene Paniermehl auf die Pizza streuen.

45 Minuten | mit Fleisch | Für 1 Pizza

PIZZA **CAESAR**

Wir finden: Caesar Salad macht sich auch auf Pizza hervorragend! Der Name stammt übrigens von dem Italo-Amerikaner Cesare Cardini, der vor etwa 100 Jahren dem Ansturm seiner Gäste im Caesar's Palace kaum gewachsen war. Da aber wenigstens noch Salat, etwas Huhn und Parmesan übrig war, hat er kurzerhand ein neues Gericht erfunden

PARMESAN-CHIPS

30 g Parmesan, fein gerieben

Parmesan 2 Millimeter dick auf einem Backblech ausstreuen und bei 180 Grad circa 20 Minuten im Ofen backen. Die Parmesan-Chips sind fertig, sobald keine Flüssigkeit mehr auf der Käseoberfläche zu sehen ist. Sind sie goldbraun und knusprig, aus dem Ofen holen und auskühlen lassen. In beliebig große Stücke brechen.

FÜR DEN BELAG

1 Teigling (300 bis 350 g) | **160 g Fior di Latte** | **2 EL Olivenöl** | **30 g Parmesancreme** (siehe S. 102)
150 g Hühnchenbrust | **Salz** | **Mehl** | **1 Ei** | **Paniermehl** | **Sonnenblumenöl** | **½ Romanasalat**
20 g Parmesan-Chips | **10 g frittierte Kapern** | **30 g Kapern-Mayo** (siehe S. 106)
1 frisches Romanasalat-Blatt, in Julienne geschnitten

Die Pizza in der klassischen Vesuvform ausbreiten, dabei den Rand etwas dicker ausformen als die Mitte, damit er beim Backen schön hochkommen kann. Fior di Latte auf dem Teig verteilen. Das Olivenöl und die Parmesancreme auf den Rand streichen. Im Ofen goldbraun backen. Bei 200 Grad mit Ober-/Unterhitze braucht es dafür etwa 8 Minuten, bei 250 Grad 4 bis 5 Minuten und mit Pizzastein und 350 Grad Hitze etwa 60 Sekunden.

Währenddessen die Hühnchenbrust salzen. Danach erst in Mehl, dann in einem Ei wenden und mit Paniermehl panieren. In einer Pfanne in Sonnenblumenöl knusprig braten. Den Romanasalat noch einmal halbieren und die Hälften jeweils der Länge nach in 4 Streifen schneiden. Die Streifen in Olivenöl in einer Pfanne braten.

Die Pizza aus dem Ofen nehmen. Das gebratene Hühnchen in Streifen schneiden und in die Mitte der Pizza legen. Alle anderen Zutaten wild darüber verteilen.

Der für Caesar Salad typisch intensive Geschmack hat das Original vor allem der Kapern-Mayo zu verdanken. Auf dieser Pizza wird das würzige Aroma durch frittierte Kapern besonders hervorgehoben

DAS GEHEIMNIS DER LEGENDÄREN BUD SPENCER PIZZA

VOM HACKEPETER ZUR **KÖSTLICHKEIT**

Der Metzger meines Vertrauens – bei den Tortora-Brüdern ist das die Metzgerei Krug aus Gaggenau. Das innovative Familienunternehmen hat sogar ein eigenes Verfahren für die Bud-Spencer-Meatballs aus dem Mamma Lina entwickelt. Das lassen wir uns mal schmecken!

Mit maximaler Konzentration hantiert Florian Laber an der Portioniermaschine. In einem imposanten Trichter hinter ihm: das Hackfleisch. Das Gerät brummt, ein Hackbällchen landet in seiner Hand, geschickt bugsiert er es in eine der roten Lebensmittelkisten. Langsam füllt sie sich. Dicht and dicht liegen sie dort – 1000 sollen es heute noch werden. Rinderhack, Parmesan, Ei, frische Petersilie, Paniermehl, und Salz sind drin. Der kreative Kopf hinter den Leckerbissen? Küchenchef Michele Arsuto aus dem Mamma Lina. Später kurz vor dem Servieren haben die Meatballs in Tomatensugo in der Mitte der Bud Spencer Pizza (siehe S. 156) ihren großen Auftritt.

Im drei Wochen-Rhythmus laufen die Maschinen hier in der Metzgerei Krug in Gaggenau auf Hochtouren. So wird sichergestellt, dass der Hackbällchen-Bedarf des Baden-Badener Restaurants immer gedeckt ist. „Wir machen stets eine Charge von 30 Kilogramm", erklärt Reiner Krug und wuchtet ein Stück Rind in den riesigen Fleischwolf. Daneben stehen in Schalen die restlichen Zutaten. Ist das Fleisch aus dem Wolf zerkleinert, wird es in einer Arbeitswanne mit Rollen zum Kutter gebracht. Peu à peu fügt Reiner Krug die ausstehenden Ingredienzien hinzu und die Fleischmasse wird noch weiter verkleinert.

In dritter Generation führen Marco Krug und Bruder Christian zusammen mit Vater Reiner das Familienunternehmen. **Seit mehr als 50 Jahren stehen die Krugs für qualitativ hochwertige Wurst- und Fleischwaren,** beliefern unter anderem Großabnehmer wie die Daimler-Werke oder Edeka. Etwa 100 Mitarbeiter tragen zum Erfolg des Unternehmens bei, das Anfang der 1960er-Jahre von Alois und Luise Krug im Herzen von Gaggenau eröffnet wurde.
„Anfänglich hatten meine Großeltern nicht nur den Metzgerbetrieb, sondern auch eine kleine Gaststätte", erklärt Marco Krug. Die hausgemachten Fleischspezialitäten verkauften sie hinter einer Theke. „Das lief dann so gut, dass sie sich schlussendlich auf den Metzgerbetrieb fokussiert haben." Heute erstrecken sich Zerlegung, Produk-

Der Maschinenpark in der Metzgerei Krug ist bestens für die Produktion der Bud-Spencer-Meatballs ausgestattet. Eine Portioniermaschine sorgt dafür, dass jede Kugel genau 30 Gramm wiegt

tion, Veredelung, Verpackung und Versand sowie der Metzgerei-Verkaufsbereich über eine Fläche von 4500 Quadratmeter. Auch eine Außenstelle in Karlsruhe gehört mit zum Unternehmen.

Seit 2017 arbeiten die Krugs und die Tortora-Brüder Hand in Hand zusammen. „Angelo ist flink und sprudelt förmlich vor neuen Ideen. Es passt einfach gut zwischen uns“, erzählt Marco Krug. Die beiden Unternehmen verbindet neben dem Geschäftlichen aber auch eine Freundschaft. „Außerdem können wir dem Mamma Lina durch unseren Maschinenpark einiges an Arbeit abnehmen. Die Hackbällchen liefern wir fix und fertig. In Baden-Baden muss das Fleisch nur noch gebraten werden“, sagt Marco Krug.
„Dadurch, dass bei Krugs alles vorbereitet wird, können wir im Mamma Lina Zeit sparen, uns aufs Kerngeschäft konzentrieren“, bestätigt auch Angelo Tortora. „Da keiner aus dem Team mit Hackbällchendrehen beschäftigt ist, können wir mehr Kapazität in die ästhetische Optik der Teller und das Anrichten investieren.“
Aber nicht nur die Hackbällchen liefert der Gaggenauer Betrieb ans Mamma Lina. Auch Rinder- und Kalbsfilet, Pastrami und der Fleischbelag für die Burger kommen aus dem Betrieb im Murgtal. Krug: „Auch bei Sonderaktionen greifen wir den Tortoras unter die Arme!“

„Wir legen großen Wert darauf, dass die Tiere, die wir verarbeiten, aus der Region kommen und wir nachvollziehen können, wie sie nach dem Schlachthaus gelagert wurden“, erklärt Christian Krug. **„Unsere Partnerbetriebe haben wir mit großer Sorgfalt ausgewählt.** Hauptsächlich arbeiten wir mit Landwirten und Schlachthäusern aus Bayern und Baden-Württemberg zusammen.“
Dass der Lebendtransport der Tiere eine Autostunde nicht überschreitet und die Tiere auf Weiden gegrast haben, sind weitere Kriterien. „Wir verarbeiten nur Färsen, also weibliche Tiere, die nicht älter als 24 Monate sein. Das ist das Beste, was es auf dem deutschen Markt gibt!“

In der Produktionshalle der Metzgerei Krug füllt gute Laune die Luft – denn die Hackbällchen sind fast fertig. Reiner, Marco und Christian Krug (Foto oben, v. l.) und Angelo Tortora (Mitte) verbindet nicht nur das Geschäft, sondern seit mehreren Jahren auch eine Freundschaft

60 Minuten | mit Fleisch | Für 1 Pizza

PIZZA **BUD SPENCER**

Wo es eine Pizza Terence Hill (siehe S. 142) gibt, darf natürlich auch eine Pizza Bud Spencer nicht fehlen. Und da der gebürtige Neapolitaner am liebsten Polpette aß – der Legende nach bis zu 40 Stück auf einmal –, sind die leckeren Hackfleischbällchen die Hauptzutat auf unserer Pizza, die außerdem mit jeder Menge Tomatensauce, Burrata und frischem Parmesan punktet. Schlagt zu!

HACKFLEISCHBÄLLCHEN FÜR 4 PIZZEN

4 Scheiben Toastbrot | 500 g gemischtes Hackfleisch | 120 g Parmesan, frisch gerieben | 2 Eier
30 g Petersilie, gehackt | 20 ml Olivenöl | 2 Knoblauchzehen, gehackt | 2 Zwiebeln, gehackt
Salz | Pfeffer | Sonnenblumenöl | 500 ml Tomatensugo (siehe S. 102)

Das Toastbrot in Wasser einweichen. Ausdrücken und mit den weiteren Zutaten bis einschließlich des Pfeffers zu einer geschmeidigen Masse verarbeiten. Daraus 16 Bällchen formen. Das Sonnenblumenöl in einer großen Pfanne erhitzen und die Fleischbällchen darin einige Minuten anbraten. Dabei immer wieder wenden, bis sie rundherum goldbraun sind. Den Tomatensugo dazugeben, alles zum Kochen bringen und etwa 15 Minuten köcheln lassen.

FÜR DEN BELAG

1 Teigling (300 bis 350 g) **| 100 ml rote Tomatensauce** (siehe S. 101) **| 30 g Parmesancreme** (siehe S. 102)
1 EL Olivenöl | 3–4 Hackfleischbällchen | 120 g Burrata | 2–3 Basilikumblätter
20 g Parmesan, frischgerieben | Pfeffer

Die Pizza in der klassischen Vesuvform ausbreiten. Achtet darauf, den Rand etwas dicker auszuformen als die Mitte, damit er beim Backen schön aufgehen kann.

Die Tomatensauce auf der Pizza verteilen und den Rand mit der Parmesancreme und dem Olivenöl bestreichen. Im vorgeheizten Ofen goldbraun backen. Bei 200 Grad mit Ober-/Unterhitze braucht es dafür etwa 8 Minuten, bei 250 Grad 4 bis 5 Minuten und mit Pizzastein und 350 Grad Hitze etwa 60 Sekunden.

Die Fleischbällchen mit beliebig viel Sauce auf der noch heißen, ofenfrischen Pizza verteilen. Burrata zerzupfen und auf die Pizza geben. Mit Basilikumblättchen und Parmesan toppen und mit schwarzem Pfeffer würzen. Sofort servieren.

Statt der Toastbrotscheiben könnt ihr für die Polpette auch ein Brötchen vom Vortag verwenden. Wer mag, belegt die Pizza noch mit etwas knackigem Rucola

45 Minuten | mit Fleisch | Für 1 Pizza

PIZZA **MACELLAIO**

Macellaio heißt übersetzt ja so was wie Metzger oder Schlachter. Passt also perfekt zu dieser Pizza-Kreation mit einem ordentlichen Rinderhüftsteak! Das Ganze kombinieren wir mit einer leckeren, selbst gemachten Erdnuss-Mayonnaise, Teriyakisauce und gerösteten Erdnüssen on top für den Extracrunch – yes, please!

ERDNUSS-MAYO FÜR ETWA 8 PIZZEN

200 g Mayonnaise (wer die selber machen will, siehe S. 106) | **120 g Erdnussbutter**
10 ml Sesamöl | Salz | Pfeffer | etwas Zitronensaft

Um eine cremige Mayo zuzubereiten, muss zunächst die feste Erdnussbutter weich gemacht werden. Nutzt dafür am besten ein Wasserbad. Die so verflüssigte Erdnussbutter kommt dann zusammen mit dem Sesamöl (das sorgt für die schöne Cremigkeit) zur Mayonnaise. Mit Salz, Pfeffer und einem Schuss Zitronensaft abschmecken.

FÜR DEN BELAG

1 Teigling (300 bis 350 g) | **120 g Rinderhüftsteak | 2–3 Zweige Rosmarin | 2–3 Zweige Thymian**
1 EL Butter | 4–6 Shiitake-Pilze, halbiert | 10 Shimeji-Pilze | 20 ml Teriyakisauce | 160 g Fior di Latte
1 EL Erdnüsse, geröstet (im Ofen zubereitet oder fertig gekauft) | **40 ml Erdnuss-Mayo | Kresse**

Das Rinderhüftsteak in einer Pfanne von jeder Seite für eine Minute anbraten. Danach zusammen mit Rosmarin, Thymian und Butter in eine Auflaufform geben und für 3 Minuten bei 180 Grad in den Ofen stellen. Herausnehmen und einige Minuten ruhen lassen.

Die Pilze putzen, halbieren und in einer Pfanne mit wenig Butter für 30 Sekunden scharf anbraten. Mit Teriyakisauce ablöschen und glasieren, bis die Sauce verdunstet ist.

Die Pizza in der klassischen Vesuvform ausbreiten, dabei den Rand etwas dicker ausformen als die Mitte, damit er beim Backen schön hochkommen kann. Fior di Latte auf den Teig geben, den Rand mit Olivenöl einreiben und bei höchster Stufe goldbraun backen.

Zum Belegen das Steak in feine Streifen schneiden und zusammen mit den Pilzen auf die frisch gebackene, noch heiße Pizza legen. Die Mayo in schwenkenden Bewegungen darübergeben und mit gerösteten Erdnüssen, Kresse und etwas Teriyakisauce toppen.

Geröstete Erdnüsse gibt's zwar im Handel fertig zu kaufen, wer mag, kann die aber auch ganz einfach zu Hause selber machen – entweder bei mittlerer Hitze in einer beschichteten Pfanne oder bei 150 Grad im Backofen

20 Minuten | mit Fleisch | Für 1 Pizza

PIZZA **MALAFEMMENA**

Malafemmena ist einer der bekanntesten italienischen Songs überhaupt. Der geniale neapolitanische Schauspieler Totò schrieb ihn in den 1950er-Jahren und widmete ihn – wenig schmeichelhaft – seiner Ex-Frau Diana. Seither wurde er unzählige Male gecovert und auch wir haben es uns nicht nehmen lassen, der Schlechten Frau (so die wörtliche Übersetzung) mit Schinken, halbgetrockneten Tomaten und würzigem Parmesan zu huldigen…

FÜR DEN BELAG

1 Teigling (300 bis 350 g) | **160 g Fior di Latte** | **1 EL Olivenöl** | **30 g Parmesancreme** (siehe S. 102)
50 g Rucola | **4 Scheiben Schinken** (San Daniele Crudo) | **25 g gelbe Kirschtomaten, semi-dry**
25 g rote Kirschtomaten, semi-dry | **20 g Parmesan, frisch gehobelt** | **20 ml Balsamico-Essig**

Für diese Pizza solltet ihr Aceto Balsamico di Modena verwenden, der 10 bis 12 Jahre alt ist. Durch die lange Reifezeit wird der Essig wunderbar dickflüssig und geschmeidig

Die Pizza in der klassischen Vesuvform ausbreiten. Achtet darauf, den Rand etwas dicker auszuformen als die Mitte, damit er beim Backen schön aufgehen kann. Mit dem auseinander gezupften Fior di Latte belegen und den Rand mit Olivenöl und der Parmesancreme bestreichen.

Im vorgeheizten Ofen goldbraun backen. Bei 200 Grad mit Ober-/Unterhitze braucht es dafür etwa 8 Minuten, bei 250 Grad 4 bis 5 Minuten und mit Pizzastein und 350 Grad Hitze etwa 60 Sekunden.

Die ofenfrische, noch ganz heiße Pizza mit dem Rucola und dem Parmaschinken belegen. Die gelben und roten Kirschtomaten halbieren und ebenfalls auf der Pizza verteilen. Den Parmesan darüberstreuen und den Balsamico-Essig darüber träufeln.

'87

45 Minuten | mit Fleisch | Für 1 Pizza

PIZZA
TAGLIATA DI MANZO

Der Name ist Programm: Tagliata di Manzo heißt so viel wie aufgeschnittenes Rindfleisch – und genau davon gibt es bei dieser Pizza eine ordentliche Portion! Dazu gibt's knusprigen Rucola aus der Fritteuse und knackige Pinienkerne aus der Pfanne. Wer mag, gibt noch ein paar Spritzer eines richtig guten, gern 10 bis 12 Jahre alten Balsamico-Essigs obendrauf – molto delizioso!

FÜR DAS STEAK

160 g Rinderhüftsteak | Salz | 1 EL Sonnenblumenöl | 1 Zweig Thymian | 1 Zweig Rosmarin | 1 TL Butter

Das Steak salzen. Das Sonnenblumenöl in einer Pfanne erhitzen und das Fleisch von beiden Seiten jeweils 1 Minute scharf anbraten. Mit Thymian und Rosmarin in eine Auflaufform geben, die Butter auf das Fleisch setzen und alles im vorgeheizten Backofen bei 180 Grad etwa 5 Minuten garen. Aus dem Ofen nehmen und noch einmal 5 Minuten ruhen lassen. In knapp 1 cm dicke Scheiben schneiden.

Noch intensiver wird's, wenn ihr die Pinienkerne mit etwas Sonnenblumenöl und etwas Butter anröstet. Dabei schäumt das Fett schön auf, wird von den Pinienkernen aromatisiert und kann am Ende mit auf die Pizza

PINIENKERNE UND RUCOLA

20 g Pinienkerne | 50 g Rucola | Sonnenblumen- oder Frittieröl

Die Pinienkerne in einer Pfanne bei mittlere Hitze ohne Öl goldbraun rösten. Dabei immer mal wieder rühren, damit die Nüsse gleichmäßig goldbraun werden und nicht zu dunkel. Alternativ klappt das auch im Backofen sehr gut – fünf Minuten bei 160 Grad. Den Rucola waschen, gut trockentupfen und in der Fritteuse mit Sonnenblumen- oder anderem Frittieröl knusprig ausbacken. It's that simple…

FÜR DEN BELAG

1 Teigling (300 bis 350 g) **| 160 g Fior di Latte | 30 g Parmesancreme** (siehe S. 102) **| 1 EL Olivenöl**
50 g Rucola, frittiert | 20 g Pinienkerne, geröstet | 160 g Rinderhüftsteak aus dem Ofen | Pfeffer

Die Pizza in der klassischen Vesuvform ausbreiten. Achtet darauf, den Rand etwas dicker auszuformen als die Mitte, damit er beim Backen schön aufgehen kann. Den Fior di Latte auseinander zupfen und auf der Pizza verteilen. Den Rand mit Parmesancreme und Olivenöl bestreichen. Die Pizza im vorgeheizten Ofen goldbraun backen.

Nach dem Backen die noch ofenheiße Pizza mit dem Rucola, den Pinienkernen und dem aufgeschnittenen Steak belegen und mit Pfeffer würzen.

'87

120 Minuten | mit Fleisch | Für 4 Pizzen

PIZZA **PULLED PORK**

Pulled Pork kennt man aus den USA, wo es neben Spareribs und Beef Brisket Teil der Holy Trinity ist, also der heiligen Dreifaltigkeit des Barbecue. Das gezupfte Schweinefleisch braucht vor allem eins: Geduld! Klassischerweise schmort man es viele Stunden in einem Barbecue-Smoker. Wir haben uns in diesem Rezept für eine etwas schnellere Version im Backofen entschieden und dennoch: eine Pizza Pulled Pork macht man nie für sich allein ...

FÜR DAS PULLED PORK

800 g Schweinenacken | 200 ml Barbecuesauce | 1 Fl. Rotwein (Kochwein) **| 2 Wacholderbeeren Salz, Pfeffer | 2 Nelken | 200 g Zucker | 2 Lorbeerblätter | 1 Karotte | ½ Lauch | ¼ Sellerie**

Den Schweinenacken mit der Hälfte der Barbecuesauce einreiben und marinieren. In eine Auflaufform legen, mit Rotwein übergießen und Wacholderbeeren, Salz, Pfeffer, Nelken, Zucker und Lorbeerblätter dazugeben. Karotte, Lauch und Sellerie würfeln und ebenfalls zum Fleisch geben. Bei 220 Grad im Ofen etwa 2 Stunden schmoren, bis ihr das Fleisch mit einer Gabel zerzupfen könnt. Das Fleisch herausnehmen und kaltstellen. Sobald das Fleisch erkaltet ist, könnt ihr es zerzupfen und mit der restlichen Barbecuesauce zu einem schön saftigen Pulled Pork verarbeiten.

Traditionell wird Pulled Pork aus Schweineschulter gemacht. Da die beim Metzger häufig nur schwer zu kriegen ist, greifen viele zum Schweinenacken

FÜR DEN BELAG

4 Teiglinge (1200 bis 1400 g) **| 400 g Spitzkohl | Salz | Pfeffer | 200 g Pfirsich-Mayo** (siehe S. 106) **20 Spargelspitzen, grün | 600 g Fior di Latte | 100 ml Olivenöl | 100 g Erdnüsse | 120 ml Barbecuesauce**

Den Spitzkohl in Julienne-Streifen schneiden, mit einem Teelöffel Salz einreiben. Kurz stehen lassen und roh mit Pfirsich-Mayo marinieren, damit eine Art Coleslaw-Salat entsteht. Die Spargelspitzen in einer Pfanne mit etwas Olivenöl braten, bis sie etwas Farbe bekommen, aber trotzdem noch knackig sind. Mit Salz und Pfeffer abschmecken.

Die Pizzen in der klassischen Vesuvform ausbreiten, dabei die Ränder etwas dicker ausformen als die Mitte, damit er beim Backen schön hochkommen kann. Fior di Latte auf den Pizzateigen verteilen und Olivenöl auf die Teigränder geben. Bei 200 Grad mit Ober-/Unterhitze braucht das Backen etwa 8 Minuten, bei 250 Grad 4 bis 5 Minuten und mit Pizzastein und 350 Grad Hitze etwa 60 Sekunden.

Die fertig gebackenen Pizzen mit dem marinierten Spitzkohl belegen. Pulled Pork mit zwei Esslöffeln abstechen und zu 6 gleichgroßen Nocken formen. Zusammen mit den Spargelspitzen auf die Pizzen legen und mit Erdnüssen und Barbecue-Sauce toppen.

'87

60 Minuten | mit Fleisch | Für 2 Pizzen

PIZZA **SURF & TURF**

Pferderennen gehören zu Baden-Baden, wie die Pizza zu Napoli. Deshalb servieren wir in unserem Mamma Lina immer wieder gerne die Surf & Turf Pizza! Surf steht für Wassersport, Turf ist die Pferderennbahn. Kombiniert wird also Wasser und Erde. Für unsere Pizza heißt das: Hummer trifft auf Rindfleisch

PARMESAN-HOLLANDAISE FÜR 2 PIZZEN

100 ml Weißwein | 20 g Schalotten, gewürfelt | 2 Lorbeerblätter | 1 Wacholderbeere Salz | Pfeffer | 2 Eigelb | 50 g Parmesan | 80 g flüssige Butter | etwas Tabasco

Den Weißwein mit Schalottenwürfeln, Lorbeerblättern, Wacholderbeere, Salz und Pfeffer aufkochen. Absieben und kurz abkühlen lassen. In der Zwischenzeit ein Wasserbad vorbereiten. Die Flüssigkeit zusammen mit den Eigelben in eine Schüssel geben. Die Masse über dem Wasserbad mit einem Schneebesen aufschlagen, bis sie an Volumen zunimmt und schön fluffig wird. Danach die Hollandaise vom Wasserbad nehmen, geriebenen Parmesan, flüssige Butter und 3 Spritzer Tabasco unterrühren und gleich verwenden.

BELAG FÜR 2 PIZZEN

2 Teiglinge (600 bis 700 g) | **240 g Filetsteak, am besten vom Wagyu Rind | 20 g Butter 1 Zweig Thymian | 1 Zweig Rosmarin | 1 Hummer, frisch oder TK mit 600–800 g 320 g Fior di Latte | 60 g Parmesancreme** (siehe S. 102) | **4 EL Olivenöl | 4 EL Balsamico 4–6 Zitronenscheiben, getrocknet** (siehe S. 36) | **Kresse | Parmesan-Hollandaise**

Schon gewusst? Das Beste vom Hummer befindet sich in den Scheren und im oberen Rückenstück!

Das Filetsteak von beiden Seiten für je 30 Sekunden scharf anbraten. Danach mit einem Klecks Butter, Thymian und Rosmarin bei 180 Grad für 3 Minuten in den Ofen schieben. Kurz ruhen lassen.

Wenn ihr einen frischen Hummer nehmt, bringt ihr Salzwasser in einem großen Topf zum Kochen. Den Hummer für 3 Minuten ins Eisfach legen, damit er in eine Art Kältestarre fällt und wie betäubt ist. Nun den Hummer schnell mit dem Kopf voraus ins sprudelnde Wasser gleiten lassen und 10 Minuten kochen. Im Eisbad kurz abschrecken. Den Hummer halbieren, die Innereien herauswaschen und die Scheren aufknacken. In einer Pfanne etwas Butter schmelzen, Thymian und Rosmarin dazugeben und den vorgegarten Hummer für etwa 30 Sekunden mit der aromatisierten Butter glasieren.

Fior di Latte als Basis in die Mitte der ausgebreiteten Pizzateige geben. Die Ränder mit Parmesancreme und Olivenöl einstreichen und im Ofen goldbraun backen.

Zum Belegen das Fleisch in zarte Streifen schneiden, auf eine Seite der Pizza legen und mit Balsamico beträufeln. Auf der anderen Seite den Hummer platzieren, den Kopf mit 3 EL Parmesan-Hollandaise befüllen. Mit getrockneten Zitronenscheiben und Kresse garnieren und servieren!

60 Minuten | mit Fisch | Für 2 Pizzen

PIZZA **PESCATORI**

Venus- und Miesmuscheln, dazu Garnelen und Oktopus: Unsere Pizza Pescatori vereint das Beste, was das Mittelmeer an Meeresfrüchten zu bieten hat. In selbst gemachtem Knoblauchöl à la minute mariniert und mit frischen Tomaten kombiniert, ergibt sich daraus eine unfassbar leckere Seafood-Pizza, die ihr so garantiert noch nie gegessen habt. Genau das Richtige für einen besonderen Abend zu zweit!

FÜR DAS KNOBLAUCHÖL

2 Knoblauchzehen | 50 ml Olivenöl | 50 ml Sonnenblumenöl

Die Knoblauchzehen schälen und in feine Scheiben schneiden. Die beiden Öle in ein Weckglas füllen, den Knoblauch dazugeben, mit dem Deckel verschließen und 24 Stunden ziehen lassen.

OKTOPUS-ARME FÜR 2 PIZZEN

1 Oktopus-Arm | ½ Zwiebel | ½ Stange Lauch | ½ Fenchel | 1 Fleischtomate Pfeffer | 1 Lorbeerblatt | 1 Wacholderbeere | 25 ml Weißwein

Zwiebel schälen und mit dem restlichen Gemüse kleinschneiden. Mit 1 Liter Wasser, etwas Pfeffer, dem Lorbeerblatt, der Wacholderbeere und dem Weißwein aufsetzen und einmal aufkochen lassen. Den Oktopus-Arm ins Wasser geben und etwa 1,5 Stunden köcheln lassen, bis er nicht mehr zäh ist.

FÜR DEN BELAG

2 Teiglinge (600 bis 700 g) **| 6 Venusmuscheln | 6 Miesmuscheln | 2 Garnelen mit Kopf 160 g Calamari-Tuben in Ringen | 1 Oktopus-Arm in Stücken | Knoblauchöl | Salz | Pfeffer 200 ml rote Tomatensauce** (siehe S. 101) **| 2 Msp. Oregano | 8 Datteltomaten | 30 g Petersilie, gehackt**

Muscheln unter kaltem Wasser abspülen, kaputte Exemplare aussortieren. Mit den Garnelen, den Calamari und dem Oktopus-Arm in einer Schüssel mit Knoblauchöl, Salz und Pfeffer marinieren. In einer Pfanne die Garnelen auf jeder Seite 1 Minute anbraten. Die restlichen Meeresfrüchte dazugeben und 3 Minuten braten, in dieser Zeit sollten sich alle Muscheln geöffnet haben, dann bereitstellen.

Die Teiglinge zu Pizzen formen, mit Tomatensauce bestreichen und mit Oregano bestreuen. Im Ofen goldbraun backen. Die Tomaten kleinschneiden und auf der ofenfrischen, heißen Pizza verteilen. Die Petersilie kurz durch die Meeresfrüchte-Pfanne schwenken, dann die Meeresfrüchte auf der Pizza anrichten.

Wer möchte, gibt noch ein paar Scheiben des eingelegten Knoblauchs aus dem Knoblauchöl auf die Pizza …

30 Minuten | mit Fisch | Für 1 Pizza

PIZZA **CALAMARETTI**

In Deutschland kennen viele Tintenfische nur als Calamari, also Tintenfisch-Ringe. In Neapel wachsen wir mit dem Totani auf, einem kleinen aber sehr leckeren Tintenfisch, der einen schlauchförmigen Körper hat und kleine Arme mit Saugnäpfen. Wir haben von der Suppe bis zum Salat schon alles mit Totani gegessen. Aber am besten schmeckt dieser Tintenfisch immer noch auf unserer Pizza mit Zucchiniblüten und gelben Tomaten!

FÜR DEN BELAG

1 Teigling (300 bis 350 g) | **1 Knoblauchzehe** | **300 g Totani** (Pfeil-Kalmar) **im Ganzen**
2 EL Olivenöl | **100 ml gelbe Tomatensauce** (siehe S. 101) | **160 g Fior di Latte**
2 EL Sonnenblumenöl | **4 Zucchiniblüten** | **6 gelbe Tomaten, semi-dry**

Knoblauch hacken. Den Totani unter kaltem Wasser säubern und küchenfertig machen, falls das nicht schon der Fischhändler gemacht hat. Den Tubus in feine Scheiben schneiden, die Fangarme je nach Größe des Totani in mundgerechte Stücke schneiden und bereitstellen.

Zucchini blühen zwischen Juni und Oktober. Für Gerichte mit Zucchiniblüten werden die langstieligen männlichen Blüten der Zucchini bevorzugt. Diese bilden nämlich keine Früchte aus

Die Pizza in der klassischen Vesuvform ausbreiten, dabei den Rand etwas dicker ausformen als die Mitte, damit er beim Backen schön hochkommen kann. Rand mit Olivenöl bestreichen, in der Mitte die gelbe Tomatensauce sowie den Fior di Latte verteilen und ab in den Ofen!

Bei 200 Grad mit Ober-/Unterhitze braucht das Backen etwa 8 Minuten, bei 250 Grad 4 bis 5 Minuten und mit Pizzastein und 350 Grad Hitze etwa 60 Sekunden.

Während die Pizza im Ofen ist, kommt der Totani zusammen mit dem Knoblauch in eine Pfanne mit heißem Sonnenblumenöl. Nicht zu lange braten, sonst wird der Tintenfisch zäh und der Knoblauch schwarz. Alles herausnehmen, die Zucchiniblüten kurz in der Pfanne anrösten und dann zusammen mit den Tomaten auf die noch heiße Pizza aus dem Ofen geben.

25 Minuten | mit Fisch | Für 1 Pizza

PIZZA **SCHWERTFISCH**

Wenn es ausnahmsweise ein bisschen länger dauert, bis der Teller mit der Schwertfisch-Pizza auf dem Tisch steht, kann das daran liegen, dass der Schwertfisch sich mit all seiner Kraft gewehrt hat und sich nicht fangen ließ. Wer sich das nicht vorstellen kann, sollte sich „Der Sturm" mit George Clooney als gebeuteltem Schwertfisch-Kapitän mal ansehen. Hat man den Schwertfisch bereits, ist die Zubereitung nach unserem Rezept aber ganz leicht

FÜR DEN BELAG

1 Teigling (300 bis 350 g) | **150 g Fior di Latte** | **4 EL Olivenöl** | **100 g Schwertfisch-Carpaccio**
Salz | **rosa Beeren** | **4–5 getrocknete Zitronenscheiben** (siehe S. 36) | **Limettenzesten**

Die Pizza in der klassischen Vesuvform ausbreiten, dabei den Rand etwas dicker ausformen als die Mitte, damit er beim Backen schön hochkommen kann. Den Fior di Latte in Scheiben schneiden, auf dem Boden verteilen, mit 2 EL Olivenöl beträufeln und backen.

Bei 200 Grad mit Ober-/Unterhitze braucht es dafür etwa 8 Minuten, bei 250 Grad 4 bis 5 Minuten und mit Pizzastein und 350 Grad Hitze etwa 60 Sekunden.

Beim Fischhändler ein schönes Stück Schwertfisch aussuchen, dieses entweder zu Hause 1 Stunde anfrieren und das Filet danach mit einer Brotschneidemaschine in dünne Scheiben schneiden. Alternativ den Fisch ohne Anfrieren in dünne Scheiben schneiden und anschließend mit einer Pfanne oder mit der flachen Hand flachklopfen.

Die Scheiben auf die ofenfrische, noch heiße Pizza geben, salzen, mit rosa Beeren und getrockneten Zitronenscheiben garnieren. 2 EL Olivenöl drübergeben. Mit Limettenzesten garnieren.

Schon gewusst? Fior di Latte ist eine Art gekochter Mozzarella aus Kuhmilch und eine Hauptzutat der echten Pizza Napoletana. Er schmilzt perfekt, bleibt reinweiß und zieht tolle Pizzafäden. Traditionell ist dieser Käse relativ fest. Mehr zu Fior di Latte findet ihr ab Seite 64 und auf Seite 110

120 Minuten | mit Fisch | Für 1 Pizza

PIZZA
FISH & CHIPS

Brexit hin oder her – unsere Pizza holt die Briten kulinarisch wieder nach Europa zurück, indem sie das Nationalgericht der Briten auf einen italienischen Pizzaboden bettet. Bei den Chips, also den englischen Pommes, gehen wir allerdings neue Wege. Statt britisch-dicke Kartoffel-Stäbe auf die Pizza zu legen, hobeln wir uns feine Julienne aus der Kartoffel, die dann wie von allein auf der Zunge zergehen

Schon gewusst? Fish & Chips haben laut Historikern ihren Ursprung nicht in England. Jüdische Einwanderer, die vor der spanischen Inquisition flohen, sollen den Imbiss nach Großbritannien gebracht haben – und das bereits im 15. Jahrhundert

FÜR DEN BELAG

1 Teigling (300 bis 350 g) | **120 g Lachsfilet** | **60 g gekochter Oktopus-Arm** (siehe S. 171)
6 Stück Alice (frittierte Sardellen) | **30 g Mehl** | **2 EL Olivenöl** | **50 g Rucola**
1 Kartoffel, festkochend | **4 Eiswürfel** | **60 g Fior di Latte** | **Salz** | **60 ml Safran-Aioli** (siehe S. 106)

Den Lachs in sechs Würfel schneiden, den Pulpo-Arm in sechs Scheiben. Die Sardellen ausnehmen und saubermachen, falls das nicht schon der Fischhändler gemacht hat. Die Fischlein mehlieren und frittieren. Den Lachs und den Pulpo-Arm in Olivenöl kurz anbraten und mit den frittierten Sardellen bereithalten. Rucola waschen, trockentupfen, kurz frittieren und auf Küchenpapier abtropfen lassen.

Für das Kartoffelstroh die Kartoffel in hauchdünne Julienne hobeln, in Eiswasser legen, trockenlegen und für 3 Minuten frittieren, danach auf Küchenpapier zum Entfetten kurz bereithalten.

Die Pizza in der klassischen Vesuvform ausbreiten, dabei den Rand etwas dicker ausformen als die Mitte, damit er beim Backen schön hochkommen kann. Fior di Latte zerzupfen und in die Pizzamitte legen.

Bei 200 Grad mit Ober-/Unterhitze braucht es dafür etwa 8 Minuten, bei 250 Grad 4 bis 5 Minuten und mit Pizzastein und 350 Grad Hitze etwa 60 Sekunden.

Die ofenfrische, noch heiße Pizza mit dem frittierten Fischgemisch belegen und salzen. Die Pizza mit der Safran-Aioli punkten, das Kartoffelstroh darübergeben. Am Schluss den frittierten Rucola als Topping über die Pizza geben und je nach Geschmack mit ein paar Tropfen Zitronensaft abschmecken.

30 Minuten | mit Fisch | Für 1 Pizza

PIZZA **PUGLIESE**

Eine Pizza Pugliese stammt natürlich aus Apulien und entführt den Genießer direkt in diese sonnenverwöhnte Region am Absatz des Stiefels – umgeben vom ionischen und dem adriatischen Meer. Unter den tiefblauen bis smaragdgrünen Wellen lebt der italienische Thunfisch. Mit Oliven, Kapern und Zwiebeln ein Gedicht!

FÜR DEN BELAG

1 Teigling (300 bis 350 g) | **120 g frisches Thunfischfilet am Stück** | **10 g schwarzer und weißer Sesam für die Sesamkruste** | **½ rote Zwiebeln** | **Paprikapulver** | **Salz** | **20 Kapern**
120 g gelbe Tomatensauce (siehe S. 101) | **2 EL Olivenöl** | **10–15 Kalamata-Oliven**
1 Msp. Oregano | **1 Spritzer Balsamico-Essig**

Das Thunfischstück salzen, in Sesam wälzen. Das Filet von jeder Seite etwa 10 Sekunden scharf anbraten. Danach in mundgerechte Scheiben schneiden. Die Zwiebel in Scheiben schneiden, mit Paprika und Salz würzen, kurz frittieren, ebenso die Kapern.

Die Pizza in der klassischen Vesuvform ausbreiten, dabei den Rand etwas dicker ausformen als die Mitte, damit er beim Backen schön hochkommen kann.

Mitte mit gelber Tomatensauce bestreichen und Rand mit Olivenöl bestreichen, backen. Bei 200 Grad mit Ober-/Unterhitze braucht es dafür etwa 8 Minuten, bei 250 Grad 4 bis 5 Minuten und mit Pizzastein und 350 Grad Hitze etwa 60 Sekunden, bis die Pizza eine schöne Farbe bekommt.

Zwiebeln, Kapern und Oliven auf die noch heiße, ofenfrische Pizza geben. Am Schluss den Oregano darüberstreuen und mit einem Spritzer Balsamico-Essig vollenden.

Am Bauch ist Thunfisch am zartesten und sehr aromatisch. Verzehrt man Thunfisch roh, sollte er in Sashimi-Qualität sein. Beim Fischhändler am besten ein Stück vom Bauchlappen (it. Ventresca) erfragen

KAUM IST DIE SONNE WEG, GEHT ES AUF NEAPELS STRASSEN RUND. IMMER MIT DABEI: DIE PIZZA FRITTA

'87

30 Minuten | mit Fleisch | Für 1 Pizza

PIZZA **FRITTA**

Nein, das ist kein Döner, kein Wrap und auch keine Calzone – es ist Pizza Fritta! Eine der ältesten Streetfood-Spezialitäten Neapels, serviert in Bars, Restaurants und an den Straßen. Außen knusprig, innen cremig. Die Rezeptur dieser Köstlichkeit ist wie so oft verblüffend unkompliziert

FÜR DIE FÜLLUNG

160 g Fior di Latte | 100 g Ricotta | Salz | Pfeffer
120 g Crème-Fraîche '87 (siehe S. 107) | **4 Scheiben Schinken** (San Daniele Crudo)

Fior di Latte klein schneiden. Ricotta mit Salz, Pfeffer und Crème-Fraîche mischen, Schinken in Streifen schneiden oder in kleine Stücke zupfen. Alles vermengen.

FÜR DEN TEIG

1 Teigling (300 bis 350 g)

Den Teig ausrollen und ein bisschen länger ziehen als für eine herkömmliche Pizza, so dass er ein flaches Oval bildet.

Ricotta-Schinkenmasse-Füllung auf eine Hälfte verstreichen und zusammenlegen, an den Rändern festdrücken.

Die Pizza dann in einer Fritteuse bei 175 Grad goldbraun ausbacken.

Neapels Pizzabäcker, eigentlich berühmt für ihre Holzöfen, besserten früher mit frittierter Pizza ihr Gehalt auf. Sie verkauften die Pizza an ihrem freien Tag von zu Hause aus, wo sie nur einen Topf mit Öl zur Hand hatten – bezahlt werden musste übrigens erst 8 Tage später

30 Minuten | mit Fleisch | Für 1 Pizza

PIZZA **TRONCHETTO**

Tronchetto bedeutet auf Deutsch Stämmlein oder Rolle und ist etwas für den großen Hunger. Wer diese Komposition aus fluffigem, weichem Hefeteig mit geschmolzenem Käse und Schinken verspeist hat, sollte sich der Lieblingsbeschäftigung der Neapolitaner hingeben, dem Dolce far niente, also dem süßen Nichtstun. Idealerweise am Meer, aber wenn das nicht zur Hand ist, auf der Terrasse oder dem Balkon

FÜR DIE FÜLLUNG

100 g Fior di Latte | 100 g Ricotta | 100 g Büffelmozzarella
80 g Gorgonzola | 6 Scheiben Schinken (San Daniele Crudo)
40 g Parmesancreme (siehe S. 102) **| 30 g frittierter Rucola**

In einer Schüssel Fior di Latte und Ricotta vermengen. Büffelmozzarella hineinzupfen, Gorgonzola dazugeben und alles vermengen. Prosciutto, Parmesancreme und frittierten Rucola bereithalten. Kleiner Tipp: Beim Frittieren vom Rucola darauf achten, dass der Salat wirklich gut abgetrocknet ist, sonst kann es gefährlich werden.

Prosciutto Crudo ist der italienische Star unter den luftgetrockneten Schinken. Die traditionell in San Daniele hergestellte Delikatesse reift ganze 18 Monate

FÜR DEN TEIG

1 Teigling (300 bis 350 g)

Den Teig erst hinlegen, mit den Händen nach oben langziehen und in eine rechteckige Form bringen. Wir füllen Ricotta, Fior di Latte, Mozzarella und Gorgonzola hinein und klappen den Teig dann von allen Seiten zu. Zuerst die kurzen Seiten einschlagen, dann die langen Seiten, damit der geschmolzene Käse nicht auslaufen kann. Oben soll eine kleine Ritze bleiben, damit man die Füllung sieht.

Die Pizza im Ofen backen, bis der Teig goldbraun aussieht. Den Tronchetto herausnehmen, den Schinken drauf verteilen, zum Schluss mit Parmesancreme und frittiertem Rucola garnieren.

30 Minuten | vegetarisch | Für 1 Portion

PIZZABÄLLCHEN
TASTE OF ITALY

Pizza muss nicht immer flach sein, wie ihr hier sehen könnt. Warum nicht einmal den ganzen Geschmack einer Pizza, oder gleich von ganz Italien in ein Bällchen packen? Hineinbeißen, und schon fließt die vollmundige Mischung aus Tomaten, Basilikum, Knoblauch, Olivenöl und Parmesan über die Zunge. Herrlich!

FÜR DIE DREI TOPPINGS

Bällchen rot: **3 Kirschtomaten | Salz | 1 Knoblauchzehe | 60 g Tomatensugo** (siehe S. 102)
Bällchen weiß: **120 g Burrata | Pfeffer**
Bällchen grün: **60 g Basilikum-Pesto** (siehe S. 101) **| 20 g frittierter Rucola**
Und sonst: **3 Basilikumblätter | 1 Handvoll Parmesan-Chips** (siehe S. 151)

Zunächst kochen wir uns das Tomaten-Topping. Dafür die Kirschtomaten mit Salz und Knoblauch in der Pfanne anbraten, unseren Tomatensugo dazugeben, 5 Minuten schmoren lassen und bereithalten.

Frittierte Teigbällchen, italienisch Pettole, gibt es in Neapel an jeder Straßenecke, mal süß, mal herzhaft. Meist sind sie etwas kleiner als unsere Pizzabällchen, so dass man sie als Fingerfood verspeisen kann

FÜR DEN TEIG UND DIE FÜLLUNG

1 Teigling (300 bis 350 g) **| 90 g Ricotta**

Aus dem Pizzateigling mit einem Ausstecher oder einem Servierring drei runde Plätzchen ausstechen. Diese in die Fritteuse geben, wo sie sich durch die Hitze von selbst zur Kugel aufblasen. Ab und zu wenden, bis sie hellbraun und kross sind. Die Kugeln auf Küchenkrepp-Papier legen, um ihnen das überschüssige Fett zu entziehen.

Den Ricotta in einen Spritzbeutel mit spitzer Tülle füllen. Mit der Spitze ein Loch in die Bällchen bohren und je 30 g Ricotta pro Kugel hineinspritzen.

Die drei Kugeln nebeneinander auf einem länglichen Teller oder einer Platte anrichten.

Eine Kugel mit Basilikum-Pesto und frittiertem Rucola garnieren. Auf das mittlere Bällchen kommt eine ganze Burrata, die wir aufklappen und mit Pfeffer würzen. Für die dritte Kugel haben wir im Vorfeld ja schon unser verfeinertes Tomatensugo köcheln lassen. Das kommt jetzt zum Einsatz. Zuletzt noch mit Basilikumblättern garnieren und Parmesan-Chips darübergeben.

„ISS IMMER ZUERST DEN NACHTISCH! WAS MAN AM LIEBSTEN MAG, SOLLTE MAN AUCH ZUERST TUN!“

JOSS WHEDON

30 Minuten | süß | Für 1 Pizza

PIZZA **STRIZZI**

Bei uns im Mamma Lina gibt es einige Stammgäste, die für ihre Kinder und wegen dieser Pizza richtig weite Wege fahren – darunter Fußballprofis mit ihren Familien und viele andere Promis. Und sie alle schwören drauf: Wenn man beim Essen dieser sündhaft leckeren Kleinigkeit ein bisschen vor Glück hüpft, können sich die Kalorien gar nicht an den Hüften festhalten. Probiert's aus, es funktioniert bestimmt!

Warum macht Schokolade eigentlich so glücklich? Forscher sagen, dass es am Dopamin liegt. Das wird nämlich ausgeschüttet, wenn wir Süßes essen. Also am besten gleich noch eine Pizza Strizzi, oder?

FÜR DEN BELAG

1 Teigling (300 bis 350 g) | **150 g Zucker** | **100 g Nutella** | **1 Prise Puderzucker**
4 Erdbeeren, geviertelt | **1 Handvoll bunte Schokolinsen** (zum Beispiel M&M's)
je 1 Riegel Kinderschokolade, Kinder Bueno, weißes Duplo

Pizzateigling so flach es geht auswalzen und in etwa ein Zentimeter breite Streifen schneiden. Diese Stücke in der Fritteuse bei etwa 175 Grad goldbraun ausbacken, herausnehmen, abschütteln und in eine große Schüssel geben.

Zucker über die frittierten Pizzastreifen geben und die Strizzi-Teile im Zucker wenden. Nutella in eine Quetschflasche geben oder mit einem großen Löffel in feinen Streifen auf dem Dessert verteilen. Puderzucker darüber stäuben.

Danach Erdbeeren in Viertel schneiden und gleichmäßig verteilen. Mit einer Hand voll M&Ms garnieren. Kinderschokolade, Kinder Bueno und Duplo in Stücke brechen und die Pizza Strizzi damit ausgarnieren.

90 Minuten | süß | Für 1 Ciabatta

PIZZA
BANANA SPLIT 2.0

Was auf den ersten Blick aussieht wie ein Sandwich, ist eine Dessert-Offenbarung aus dem Siebten Himmel der süßen Küche Napolis. Erfordert einige Vorbereitung, aber es lohnt sich!

FÜR DEN SCHOKO-CRUMBLE

125 g weiche Butter | 40 g Zucker und 25 g Puderzucker | ½ Prise Salz
225 g Mehl | 1 Vanilleschote | Abrieb von ½ Orange | 50 g dunkles Kakaopulver

Die weiche Butter mit dem Zucker und dem Puderzucker vermischen, Salz mit Mehl mischen. Beides zusammenschütten, mit der Hand vermengen. Vanillemark, Orangen-Zesten und Kakaopulver druntergeben. Die Mischung auf einem Backblech zerbröseln, bei 180 Grad Umluft 10 Minuten backen, bis es streuselig aber nicht trocken ist. Mit den Zutaten entsteht ein wenig mehr Crumble, als wir für eine Pizza brauchen – aber der Rest ist kühl gestellt super für ein Müsli oder andere Desserts.

FÜR DAS ERDBEERGEL

100 g frische Erdbeeren | 50 ml Wasser | ½ Vanilleschote | 1 Spritzer Limettensaft
Abrieb einer Limette | 10 g Zucker | 2 g Agar Agar (statt Gelatine)

Die Erdbeeren pürieren. Mit den restlichen Zutaten in einem Topf für eine Minute aufkochen. 30 Minuten kaltstellen. Wenn es fest ist, noch einmal in den Mixer geben.

FÜR DIE SCHOKOLADENCREME

15 ml Milch | 75 ml Schlagsahne | 20 g Zucker
6 g pasteurisiertes Eigelb | 60 g Vollmilchkuvertüre | ½ Blatt Gelatine

Milch, 15 ml Sahne und Zucker in einem Topf mit dem Eigelb abbinden, also auf niedriger Stufe erhitzen, die Gelatine dazugeben. Abwarten, bis die Mischung 65 Grad erreicht, währenddessen ununterbrochen mit einem Schneebesen schlagen, bis sie fest wird. 2 Minuten stehen lassen, die Schokolade schmelzen und (nicht mehr heiß) unterheben, restliche Sahne schlagen und dazugeben, 20 Minuten kalt stellen.

Die Schokoladencreme ziehen wir im Mamma Lina zur Rose ab, um die Konsistenz zu treffen. Dafür einfach einen Löffel in die Creme, herausziehen und draufpusten: Bleiben wellenförmige Linien stehen, ist die Creme perfekt!

FÜR DEN BELAG

1 Teigling (300 bis 350 g) **| 1 Banane | 4 Erdbeeren | Prise brauner Zucker**
1–2 Kugel Vanilleeis | Minzblätter zur Deko

Jetzt den Pizzateig in Kastenform bringen, so dass ein 25 cm langes und 7 cm breites Ciabatta entsteht. Im Ofen backen, bis es hellbraun ist. Aus dem Ofen holen und in der Mitte aufschneiden, abkühlen lassen. Bananen und Erdbeeren in Scheiben schneiden, Bananenscheiben mit braunem Zucker flambieren, das Ciabatta fächerförmig mit den Früchten belegen. Vanilleeiskugeln auf das Ciabatta legen. Deckel drauf, an die Seite Schoko-Punkte und Erdbeergel-Punkte hineinspritzen dann den Crumble darauf streuen und mit Minze ausdekorieren.

30 Minuten | süß | Für 1 Pizza

TRONCHETTO **AL CIOCCOLATO**

Dieses Wunderwerk von einem Dessert ist ideal, um es zu teilen – aber natürlich nur mit Menschen, die es verdient haben! Je nach Appetit könnt ihr diese Pizza für eine Person aber auch gleich in einer XL-Version anfertigen: Zutaten einfach mit der Anzahl der Gäste multiplizieren, Pizza in großzügige Stücke schneiden und verteilen

Jeder kennt das Phänomen: Wir sind eigentlich schon satt, aber für etwas Süßes ist noch Platz. Warum das so ist? Der Magen liebt Abwechslung, sagen Ernährungswissenschaftler. Pikantes und Süßes sollten sich daher abwechseln

FÜR DEN SÜSSEN RICOTTA

200 g Ricotta | 80 ml Kochsahne | 50 g Zucker

Aus Ricotta, Kochsahne und Zucker einen süßen Ricotta anrühren.

FÜR DIE SÜSSE PISTAZIENCREME

55 g Pistazienpaste | 25 ml Wasser | 5 g Zucker | 1 Spritzer Kochsahne

Für die Pistaziencreme mischen wir die Pistazienpaste, das Wasser und den Zucker mit einem Spritzer Kochsahne

FÜR DEN BELAG

1 Teigling (300 bis 350 g) **| 30 g dunkle Schokoladen-Pellets | 30 g helle Schokoladen-Pellets**
40 g Puderzucker | 80 g Nutella | 30–50 g Pistaziengries

Teigling so flach ausrollen, wie es geht, und ein Rechteck formen. In die Mitte kommt der süße Ricotta. Auf diesen legen wir die dunklen und hellen Schokoladen-Pellets. Wir schlagen erst die langen Seiten des Bodens ein, dann die kurzen und backen die Pizza im Ofen, bis sie goldbraun ist. Im Inneren verbindet sich der Ricotta automatisch mit der hellen und dunklen Schokolade, die durchs Backen flüssig wird.

Nach dem Backen legen wir die Pizza auf eine große Kuchenplatte, die uns genügend Platz für kreative Verzierungen lässt. Wir streuen Puderzucker drauf und dekorieren mit Nutella. Dann die Pistaziencreme darüber verteilen. Abschließend überstreuen wir den Tronchetto mit Pistaziengries drauf.

60 Minuten | süß | Für 1 Pizza

PIZZA **BOWL**

Dieser exotische Fruchtsalat ist mit frischen, reifen Früchten per se eine Wucht. Spannend ist seine Grundlage aus Schokoladen- und Vanillecreme, das nur noch von zweierlei Sorbet und wenigen Schokosplittern getoppt wird. Praktisch: Der sonst flache Pizzateig verwandelt sich hier in eine leckere Schüssel, die man mitessen kann!

FÜR DIE VANILLECREME

160 ml Milch | 30 g Zucker | 1 Eigelb | 7 g Mehl | 8 g Maisstärke | ½ Vanilleschote | 10 g Butter

Milch eine Minute kochen lassen, Zucker und Eigelb vermengen. Vanilleschote hinzugeben. Mehl und Maisstärke vermengen. Alles miteinander vermischen, weitere Minute unter Rühren weiterkochen. Zum Schluss Butter dazu geben.
30 Minuten kalt stellen, bis die Creme fest ist.

FÜR DEN BELAG

1 Teigling (300 bis 350 g) **| 2 EL Sonnenblumenöl | 50 g Kuvertüre für die Schoko-Chips**
30 g Zucker | ¼ Ananas | 1 Mango | ¼ Banane | 1 Kiwi | 2 Erdbeeren | 200 g Vanillecreme
200 g Schokoladencreme (siehe S. 193) **| 1 Kugel Erdbeersorbet | 1 Kugel Passionsfruchtsorbet**

Die Kuvertüre schmelzen, auf Backpapier verteilen, abkühlen lassen. In kleine Teile brechen, wenn es fest geworden ist, das nutzen wir später als Garnitur.

Eine Metallschüssel mit Sonnenblumenöl einreiben oder mit Backpapier überdecken. Den Teigling ausrollen und darüberlegen und backen, bis er goldbraun ist. Bei 200 Grad mit Ober-/Unterhitze braucht es dafür etwa 8 Minuten, bei 250 Grad 4 bis 5 Minuten. Herausnehmen, gebackenen Teig in eine neue dekorative Schüssel stellen. Wer möchte, kann die fertige Teigschüssel noch mit Zucker ausstreuen und mit einem Flambiergerät den Zucker karamellisieren. Dies ergibt eine schön knackige Karamellkruste.

Die Früchte in mundgerechte Stücke schneiden. Vanillecreme, Obstsalat, Schokoladencreme und Obstsalat abwechselnd übereinander schichten. Abschließend je eine Kugel Erdbeer- und eine Kugel Passionsfruchtsorbet (selbst gemacht oder aus dem Supermarkt) draufgeben und mit Schoko-Chips garnieren.

Sorbet ist die schlankere Alternative zum Eis. Es wird ohne Milch oder Sahne zubereitet. Der Fruchtanteil beträgt üblicherweise 25, bei Zitrusfrüchten 15 Prozent. Ansonsten besteht Sorbet aus Wasser, Zucker und Eischnee

45 Minuten | süß | Für 6 Krapfen

'87 KRAPFEN

Eigentlich ist es verwirrend: Was für viele Deutsche schlichtweg Krapfen oder Berliner sind, in Berlin aber Pfannkuchen genannt wird und mit einem Loch drin ein Donut ist, heißt bei uns schlichtweg '87 Krapfen und wird heiß serviert. Eine sündhaft krosse Angelegenheit, die durch ihre besonderen Cremes im Inneren besticht!

FÜR DIE VANILLE-BANANE-CREME

160 ml Milch | 30 g Zucker | 1 Eigelb | 7 g Mehl
8 g Maisstärke | ½ Vanilleschote | 10 g Butter | Banane

Milch eine Minute kochen lassen, Zucker und Eigelb vermengen. Vanilleschote hinzugeben. Mehl und Maisstärke vermengen. Alles miteinander mischen und eine weitere Minute unter Rühren weiterkochen. Zum Schluss Butter dazu geben. 30 Minuten kalt stellen, bis die Creme fest ist. Wenn die Creme abgekühlt ist, eine zerstampfte ½ Banane druntermischen. Den Rest der Banane als Deko aufheben.

Übrigens: Das Loch im Krapfen dient uns nicht dazu, die Gebäckstücke irgendwo aufzuspießen! Wir finden die Löcher nur praktisch, weil der Krapfen auf diese Art und Weise rundherum schön knusprig wird!

FÜR DIE TIRAMISU-AMARETTO-CREME

40 g Puderzucker | 1 Eigelb | 160 g Mascarpone | 1 EL Amaretto | 1 Eiweiß

Puderzucker mit Eigelb aufschlagen, Mascarpone mit Amaretto glatt rühren. Das Eiweiß extra aufschlagen. Das Eigelb unter den Mascarpone mischen, dann das Eiweiß darunterheben.

FÜR DIE KARAMELL-SCHOKOLADEN-CREME

90 g Zucker | 25 ml Wasser | 70 ml Schlagsahne | 50 g Vollmilchkuvertüre

Zucker und Wasser in einem Topf aufkochen lassen und karamellisieren, Schlagsahne dazugeben, 4 Minuten einkochen. Schokoladen-Kuvertüre dazu, rühren, bis sie sich aufgelöst hat. Creme zur Seite stellen, abkühlen lassen.

FÜR DIE KRAPFEN

2 Teiglinge (600 bis 700 g) **| 100 g Puderzucker | 4 Erdbeeren | 10 g Pistaziengranulat | 1 EL Nutella**

Teiglinge auf die Arbeitsfläche legen, 1 cm dick ausrollen, mit einem Ausstechring oder einer großen Kaffeetasse 3 Kreise pro Teigling ausstechen. Mit einem kleineren Ring oder einem Schnapsglas ein Loch in der Mitte ausstechen. In der Fritteuse ausbacken, bis sie goldbraun sind, herausnehmen, in Zucker wälzen. Zum Servieren die Krapfen dekorativ anrichten. Die Cremes mit Spritztüllen in die Krapfen spritzen. Mit Erdbeeren, Bananen, Pistaziengranulat und Nutella garnieren.

WEIL ES FÜR EIN GUTES BUCH IMMER AUCH EINE GUTE MANNSCHAFT BRAUCHT!

GRAZIE PER IL GRANDE SUPPORTO!

Für dieses Buch haben sich eine Menge Menschen richtig reingekniet! Danke an unsere Partner Sapros, Wackenhut und Krug, an unsere Mannschaft rund um Michele und Max sowie an das team tietge aus Offenburg mit Ulf und Susanne, Jigal, Jana und all den anderen!

Als wir im März 2022 das erste Mal mit unserem Verleger Ulf Tietge zusammensaßen, hatten wir, um ehrlich zu sein, überhaupt keine Ahnung, auf was wir uns mit Pizza con Amore einlassen. Ein Pizzabuch? Bis Weihnachten? Kann doch nicht so schwierig sein, oder?
Um ehrlich zu sein: doch. Aber mit der richtigen Mannschaft und wenn man richtig Gas gibt, kann man's schaffen. Insofern möchten wir an dieser Stelle all denen Danke sagen, die zum Gelingen dieses Projekt beigetragen haben! Ihr alle habt einen großartigen Job gemacht!

Zunächst einmal: Mille grazie an Accursio Giandalia und Domenico di Bari von Sapros in Karlsruhe. Bei Sapros kaufen wir die allermeisten Zutaten, die im Mamma Lina Verwendung finden. Mit einer eigenen Flotte von Kühllastwagen beliefert Sapros den gesamten süddeutschen Raum mit wirklich toller Qualität. Und: Accursio hat einfach die besten Kontakte zu großartigen Manufakturen in ganz Italien und hat uns eben nicht nur mit Ware unterstützt, sondern auch mit seinem Know-how und seinem Netzwerk. Dass wir in der Latteria Sorrentina bei der Produktion von feinstem Fior di Latte dabei sein durften und am Ende auch noch Ricotta kochen und schöpfen konnten: Das hat er möglich gemacht.

Accursio ist aber nicht nur ein zuverlässiger Lieferant für frische Schnittsalate, handgemachte Pasta und neapolitanisches Pizza-Mehl, sondern längst auch ein guter Freund. Auch daher möchten wir jedem ans Herz legen, mal selbst bei Sapros in Karlsruhe einzukaufen. Das können nämlich nicht mehr nur Gastronomen! Sapros hat auch einen Werksverkauf direkt am Großmarkt in Karlsruhe. Von morgens früh von 4 bis 11 Uhr gibt es hier täglich das volle Sortiment zu guten Preisen. Sehr empfehlenswert, sich da mal einzudecken! Wer mehr wissen will, schaut einfach mal auf der Website vorbei: www.sapros.de

Ein großes Dankeschön gebührt auch Ernst-Jürgen Wackenhut, dem Chef der Firma Wackenhut mit Autohäusern in Baden-Baden, Nagold, Rastatt

Geschafft! Alles im Kasten! Die Erleichterung nach einigen sehr intensiven Tagen sieht man Angelo, Carmine und Roberto wirklich an, oder?

und vielen weiteren Orten. Wackenhut ist seit Jahren unser Partner und wir sind sehr dankbar für die tolle Zusammenarbeit.

Als wir während der Pandemie das Take-Away-Geschäft in Baden-Baden aufgebaut haben, hat uns Wackenhut unterstützt, und jetzt beim Pizzabuch hat uns Ernst-Jürgen seine Unterstützung auch sofort zugesagt. Mit einer nagelneuen V-Klasse aus seinem Fuhrpark haben wir unseren Roadtrip nach Neapel antreten dürfen und ganz ehrlich: Komfortabler hätte es gar nicht sein können. Wer also in Sachen Mobilität einen wirklich guten Partner braucht, der sollte zu Wackenhut! Das sind die Besten! Mehr dazu findet ihr unter www.wackenhut.de

Apropos die Besten: In Sachen Fleisch und Wurst ist das für uns die Metzgerei Krug. Auf Seite 152 haben wir den Betrieb ja ausführlich vorgestellt, daher hier nur so viel: Vielen Dank für eure Flexibilität, eure Professionalität und eure Unterstützung! Und yes, please! Ihr seid längst part of the gang und darüber sind wir sehr glücklich!

Ausdrücklich danken möchten wir auch unserer Mannschaft aus dem Mamma Lina, die sofort parat stand, als wir auf die Idee kamen, einfach nachts die Pizzen zu fotografieren. Mitten in der Woche, kurz vor Mitternacht ging's los. Kaum waren die Gäste weg, haben wir den Gastraum ausgeräumt, einen Berg Requisiten reingeschleppt uns losgelegt – fast bis zum Morgengrauen. Trotzdem waren alle mit guter Laune und viel Liebe zum Detail mit von der Partie. Das ist nicht selbstverständlich, sondern zeugt von ganz viel

Direkt aus Italien: Angelo mit Accursio Giandalia von der Sapros Handels- und Vertriebs GmbH am Karlsruher Großmarkt (links)

Die Frischware von Sapros kommt per Kühllaster direkt nach Baden-Baden, wo sie Küchenchef Michele Arsuto (unten) mit seinem Team verarbeitet

Nicht nur ein Partner, sondern längst auch ein Freund der Familie und des Hauses: Ernst-Jürgen Wackenhut, Inhaber der Firma Wackenhut, mit Angelo und Roberto Tortora

Passione und Amore und dafür möchten wir uns bedanken. Besonders bei Michele Arsuto und Max Weiß, die mit viel Umsicht und Akribie alles Mögliche vorbereitet haben, bei unserem Pizza-Spezialisten Ajith und bei all den anderen, die in den vergangenen Monaten noch mal ne Schippe draufgelegt haben, obwohl der Laden in den Wochen vor unserem großen Jubiläum eh schon wie die Sau gebrummt hat... **Danke! Mille Grazie! Ihr seid einfach das geilste Team der Welt!**

Die Bilder in diesem Buch sind zum allergrößten Teil von dem Offenburger Fotografen Jigal Fichtner, und wir waren schon nach dem ersten Shooting total begeistert von seiner Arbeit. Jigal hat sich von nichts aus der Ruhe bringen lassen, hat auf unfassbar viele Details geachtet und es geschafft, unsere Pizzen perfekt in Szene zu setzen. Sein Meisterstück aber hat er bei unserem Roadtrip nach Neapel vollbracht. Danke, lieber Jigal, für diese großartige Arbeit!

Jigal ist Teil von team tietge, dem Offenburger Verlag von Ulf und Susanne Tietge, in dem nicht nur das fantastische Magazin Heimat Schwarzwald erscheint, sondern jetzt eben auch unser

Live aus Neapel: Angelo und Roberto mit der schwarzen V-Klasse von Wackenhut, Herausgeber Ulf Tietge mit uns beim Frühstück in Terzigno und sein Team mit Jana Vuckovic, Susanne Tietge (von links), Jonas Stürzel (Mitte) und Fotograf Jigal Fichtner (rechts)

Buch verlegt wird. Um die Projektleitung und das Layout kümmerte sich Jana Vuckovic, aus der Redaktion erwiesen sich Annika Schubert, Verena Vogt und Sarina Doll als wahre Engel. Euch allen herzlichen Dank für eure tolle Unterstützung, fürs Nachhaken, für viel Geduld und die Gabe, manchmal auch schier Unmögliches zu schaffen. Wer auf der Suche nach einem wirklich fähigen Kommunikationsdienstleister ist, sei es nun für eine Website, ein Magazin, ein Buch oder auch für Social Media-Kommunikation: Tietges sind richtig gut. Vielen, vielen Dank für alles und dass ihr es möglich gemacht habt, dass wir unseren Traum von einem modernen Pizza-Buch haben wahr werden lassen!

Baden-Baden im September 2022,
Carmine, Angelo und Roberto Tortora

IMPRESSUM

Die Deutsche Nationalbibliothek verzeichnet diese Publikation in der Deutschen Nationalbibliografie; detaillierte bibliografische Daten sind online über http://dnb.d-nb.de abrufbar.

Zum Ausgleich der für diese Produktion entstandenen CO_2-Emissionen unterstützen wir das Projekt Heimatwald und engagieren uns für die klimaresiliente Aufforstung heimischer Waldflächen.

HERAUSGEBER	Ulf Tietge
REZEPTE	Angelo, Roberto und Carmine Tortora aus dem Mamma Lina
PROJEKTLEITUNG	Jana Vuckovic
FOTOGRAFIE	Jigal Fichtner
REDAKTION	Ulf Tietge, Annika Schubert, Verena Vogt, Sarina Doll, Iris May
LEKTORAT	Leoni Hellmayr
UMSCHLAGGESTALTUNG	Jana Vuckovic
LAYOUT	Jana Vuckovic, Susanne Tietge, Stefan Hilberer
HERSTELLUNG & REPRO	Susanne Tietge
DRUCK UND BINDUNG	DZS Grafik, Ulica Jožeta Jame 22, 1210 Ljubljana
DEKO-ELEMENTE	Motel a Miio – Miio Geschirr, www.motelamiio.com

in Kooperation mit

'87 MAMMA LINA

by Tortora Brother's.

ISBN: 978-3-949346-03-3 · 3. Auflage · März 2025